邮票上的国际象棋

Chess on stamps

徐兆新　李慧慧◎编著

海德新　张文嘉　韩新生◎策划

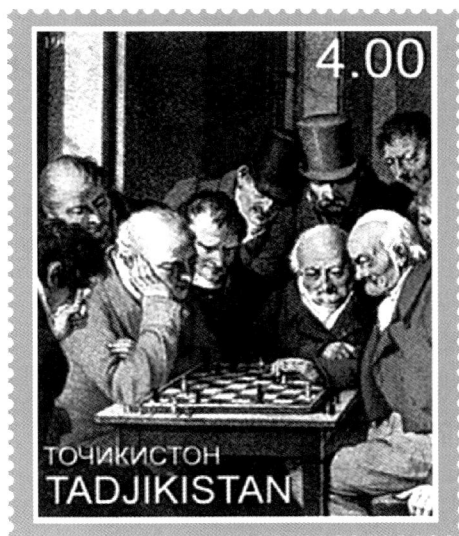

山西出版传媒集团
山西经济出版社

图书在版编目（CIP）数据

邮票上的国际象棋/徐兆新，李慧慧 编著.—太原：
山西经济出版社，2012.12
ISBN 978-7-80767-633-1

Ⅰ.①邮… Ⅱ.①徐… ②李… Ⅲ.①邮票—世界—
图集②国际象棋—通俗读物 Ⅳ.①G894.1-64
②G891.1-49

中国版本图书馆 CIP 数据核字(2013)第 000879 号

邮票上的国际象棋

编　　著:徐兆新 李慧慧
出 版 人:赵建廷
责任编辑:曹恒轩
装帧设计:海德新工作室

出 版 者:山西出版传媒集团·山西经济出版社
地　　址:山西省太原市建设南路21号
邮　　编:030012
电　　话:0351-4922133（发行中心）
　　　　　0351-4922085（综合办）
E-mail: sxjjfx@163.com
　　　　 jingjshb@sxskcb.com
网　　址:www.sxjjcb.com

经 销 者:山西出版传媒集团·山西经济出版社
承 印 者:天津市红桥区长虹印刷厂

开　　本:890mm×1240mm　　1/16
印　　张:6.5
字　　数:120千字
印　　数:1—3000册
版　　次:2012年12月 第1版
印　　次:2012年12月 第1次印刷
书　　号:ISBN 978-7-80767-633-1
定　　价:60.00元

前　言

　　本册《邮票上的国际象棋》图集，是撷取世界各国所发行的部分邮品组成的专集，是以邮品为载体而反映国际象棋的各种人和事。

　　国际象棋是有1500多年历史的一项智力体育运动，在漫长的历史长河中，有起源、发展、强盛的过程，经历了许许多多的故事。国际象棋能成为国际体育家族中的一员并号称世界第二大体育项目，是因为有10亿人的爱好者和其本身的魅力价值。

　　世界上第一枚邮票诞生于1840年的英国，在170多年的邮票历史中，有政治、历史、人物、花卉、动物、音乐、风光、航天、绘画、体育等多种题材。五彩缤纷、琳琅满目的邮票，受到了世界人民的喜爱。国际象棋是体育世界中的一员，所以用邮票来表现国际象棋也是理所当然的事。但是，邮票上的国际象棋却是诞生于近代的1947年，是保加利亚为纪念巴尔干国家运动会而发行的5枚一套的体育邮票，其中有一枚棋子马的图形，这就成为世界上的第一枚国际象棋邮票，从此开创了国际象棋邮票的先河。到目前，有近100个国家先后发行了有关国际象棋的邮票和纪念邮品，至此，使本来风马牛不相及的二者成为珠联璧合、相得益彰的兄弟。

　　用不足70年的国际象棋邮票去反映有1500多年历史的国际象棋运动，确实大有难处，而试用邮票来表现国际象棋并组成图集这就显得更有些难度。

　　尽管如此，本册图集把近些年来搜集到的各国所发行的国际象棋大部分邮品，以各种邮票、小型张（含小全张）、小本票、纪念邮资封、片、邮简、邮戳等组成这部专题图册，作为另类表述国际象棋的读物奉献给大家，敬盼爱好者能够喜欢。

　　由于对国际象棋知识的匮乏，对各国发行邮票信息和收藏上的局限，以及时间上的仓促，本部图册问题在所难免，诚望读者多提宝贵建议和意见。

目 录

国际象棋是一项有1500多年历史的体育运动，棋史学家认为起源于印度和中国。以邮票为载体，表现国际象棋最早才始于1947年。

1.1 表述国际象棋发展历史的早期绘画、书刊、棋子等

红衣、白衣主教对弈

村女观看樵夫下棋

国王观看高手下棋

19世纪画家德拉克罗瓦创作阿拉伯人下棋的油画、早期出版国际象棋的书刊

图为1493年出的书刊中，表现佛罗伦萨贵族下棋的插图

经过贸易、传教、战争等方式，原始的国际象棋开始从印度逐渐传到欧洲各国。到了文艺复兴时代，它已成为欧洲七项骑士教育的科目之一。19世纪欧洲已出现称雄世界的棋手，因此各种书刊和绘画的问世多处可见。

德拉克罗瓦创作表现国际象棋的油画

表现早期人物下棋的图案及棋子形状。

公元9世纪左右，阿拉伯人征服了罗马和西班牙等地，随后国际象棋作为文化逐步传遍到欧洲各地。文艺复兴时期国际象棋得到了改进和提高，因此用绘画来表现阿拉伯宫廷人员下棋的娱乐活动场面，也随之应运而生。

德拉克罗瓦创作表现国际象棋的油画

文学名著《一千零一夜》中有关于国际象棋的故事

进入15世纪，文艺复兴时期的绘画艺术也得到了发展，国际象棋便逐渐成为画家的一种素材。用各种绘画题材形式来表现国际象棋也是时代的必然产物。

描绘埃及夫妇下棋的版画

表现恋人、士兵、教主等人下棋的绘画

表现不同时期、不同人物对弈国际象棋的绘画艺术，可以见证当时国际象棋开展的情况。

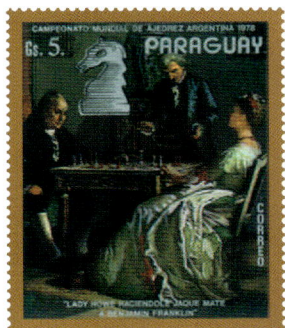

左图为邮票原图，右图为原图的印样，又称样张。系邮票印刷部门内部的样品，用于核查各道工序的印刷效果、呈报上级或作为资料留存。

以浮雕、漫画、油画等艺术表现国际象棋，足以说明19世纪左右国际象棋的发展和普及程度，并由宫廷娱乐活动转向普通人民大众的文化生活。

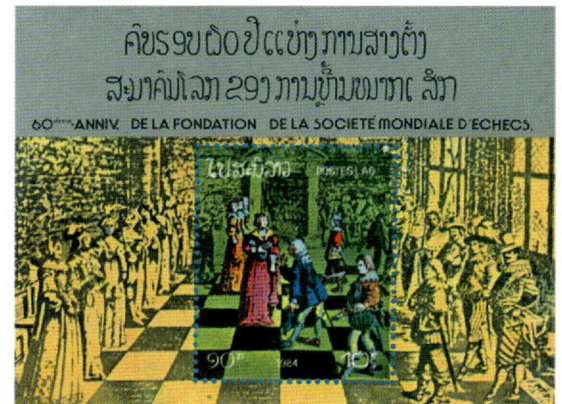

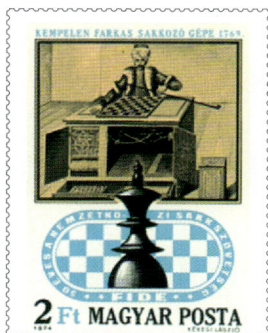

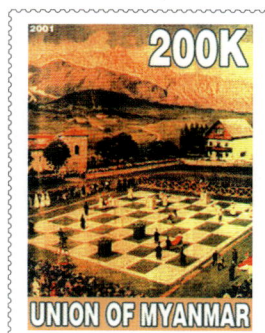

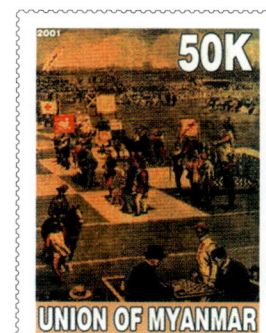

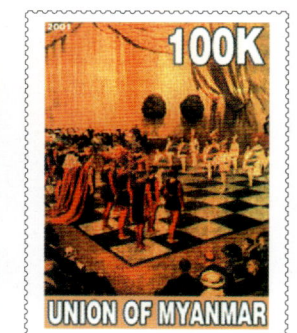

以地面为棋盘，用人当棋子下棋的场面，其中有宫廷真人秀、带有棋子形状的真人实战表演、对弈和复盘。

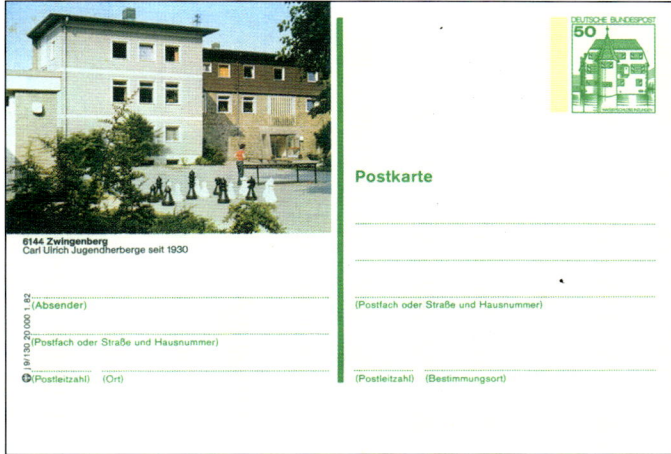

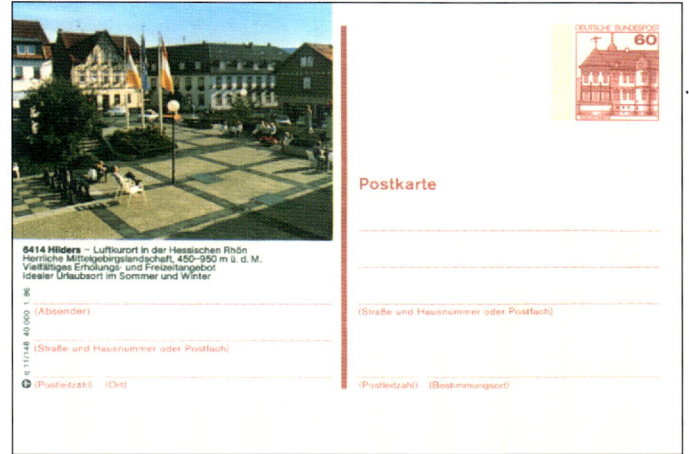

在两枚明信片的图中，表现19~20世纪在街头公园、庭院中的棋盘与棋子的休闲场景，可以看出国际象棋已深为人民所喜爱。

进入20世纪后，计算机专家已研制开发计算机国际象棋，成立了世界计算机国际象棋联合会，并组织计算机世锦赛，自1977年起到现在已举办近20届，从1980年起还举办近20届的微型机国际象棋世锦赛；还举办多次人机大战，同时网络棋战亦很普及。

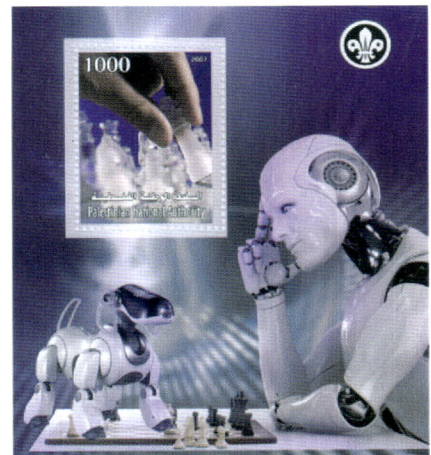

1.2 现代国际象棋发展的三个阶段

1.2.1 进入17世纪左右，现代国际象棋已趋完善，爱好者人数不断扩大。后来涌现出以洛佩兹、菲利道尔为代表人物的第一发展阶段，他们是国际象棋棋艺理论的奠基人。

菲利道尔（1726—1795）法国棋手，棋艺理论家，同时也是音乐家，他曾被誉为无冕之王。

洛佩兹（1530—1584）
西班牙棋手，
西班牙开局理论的创始人。

1.2.2 以斯当顿、安德森、摩菲、斯坦尼茨、拉斯克、卡帕布兰卡、阿廖欣等为代表的第二发展阶段，他们的理论，认为下棋的目的就是研究攻王，是古典浪漫主义流派的创始人。

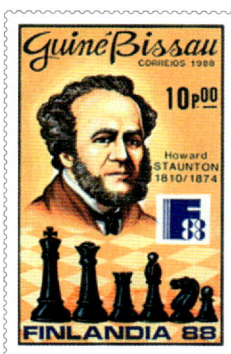

斯当顿（1810－1874）英国棋手，
第一次国际大赛组织者、社会活动家。

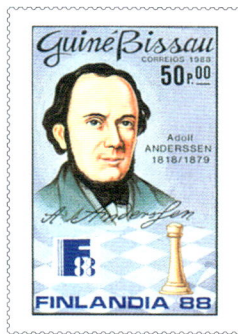

安德森（1818－1879）德国棋手，1851年成为第一位非正式冠军。

摩 菲（1837－1884）美国棋手，
1858年成为第二位非正式冠军。

这一历史时期是自1851年后，现代国际象棋逐渐走向成熟，群英辈出的发展时期，他们为国际象棋发展做出了巨大的贡献。

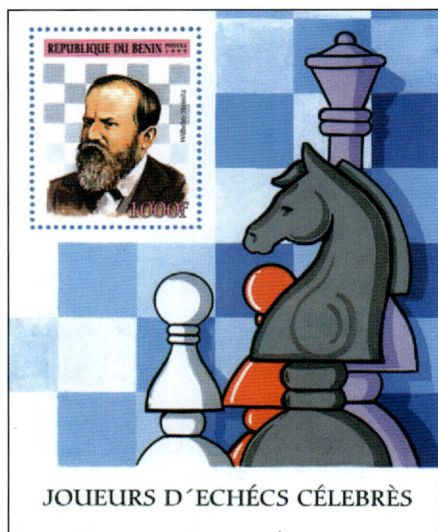

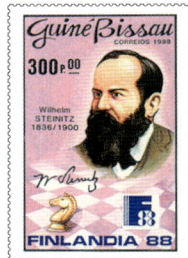

奥地利棋手斯坦尼茨（1836－1900），于1886年成为第一位正式的世界冠军。他是局面学派的创始人。

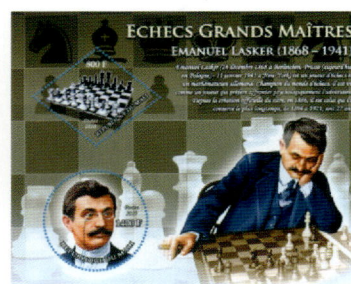

德国棋手拉斯克（1868－1941），于1894年冠军赛中获胜成为第二位世界冠军。

拉斯克保持冠军27年，他同时又是一位数学家和哲学家。
下图首日封上的人物，左为拉斯克，右为卡帕布兰卡。

卡帕布兰卡（1888—1942），古巴棋手。
1921年世界冠军对抗赛上战胜拉斯克，
成为第三位世界冠军。

卡帕布兰卡是位天才棋手，他于少年时代即已成名，他棋艺高超，局面特点突出，是古巴及世界人民心目中的英雄。

阿廖欣（1892－1946），法国籍俄裔
棋手。1927年世界冠军对抗赛上，战胜卡
帕布兰卡成为第四位世界冠军。他同时又
是一位法学博士。棋艺特点是力争主动，
战略战术运用得当，能把进攻和防守合理
结合，时常弈出连珠妙着。

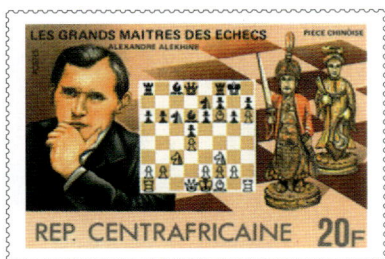

1.2.3 以原苏联棋手称霸世界棋坛的第三发展阶段

由于原苏联政府国家级领导人的参与和工、青、妇机构的大力提倡和推动，下棋人数剧增，各种赛事频繁，直至苏联解体，世界男女个人冠军及男、女团体世界冠军几乎成为他们的囊中之物。

原苏联的全苏运动会每届都有国际象棋运动项目

1984年原苏联工会系统俱乐部的国际象棋赛

这一时期涌现出众多的世界级棋手，把国际象棋的发展推向了世界的高峰。

这一时期的代表人物，共同创立了完备的理论体系，有关开局、中局、残局的理论论述简明、精辟、实用。

此图为意大利开局，黑方采用双马防御。

该枚小全张为小变体，主要为图案错误，因王和后的位置摆放错误。属趣味品邮票。

这一时期涌现出众多的国际象棋大师，他们在逐渐完善各种开局理论，并且现在很多人仍在沿用这些开局方法。

下列三枚小全张邮票均为小变体，因王和后的位置摆放错误。属于趣味品邮票。

意大利棋手格列科，是浪漫主义学派的先驱，他开创了意大利布局。

西班牙人路易·洛佩兹开创的西班牙布局，至今仍风行世界棋坛。

1834年的伦敦—巴黎通讯赛中，法兰西棋手创立了法兰西防御。

2. 国际象棋的基础知识

2.1 国际象棋的基本常识

国际象棋比赛由二人对弈，各执白、黑棋子为一方，以杀死对方王者为胜。现在由于比赛形式的多样化，也有多人对多人、一人对多人的比赛。

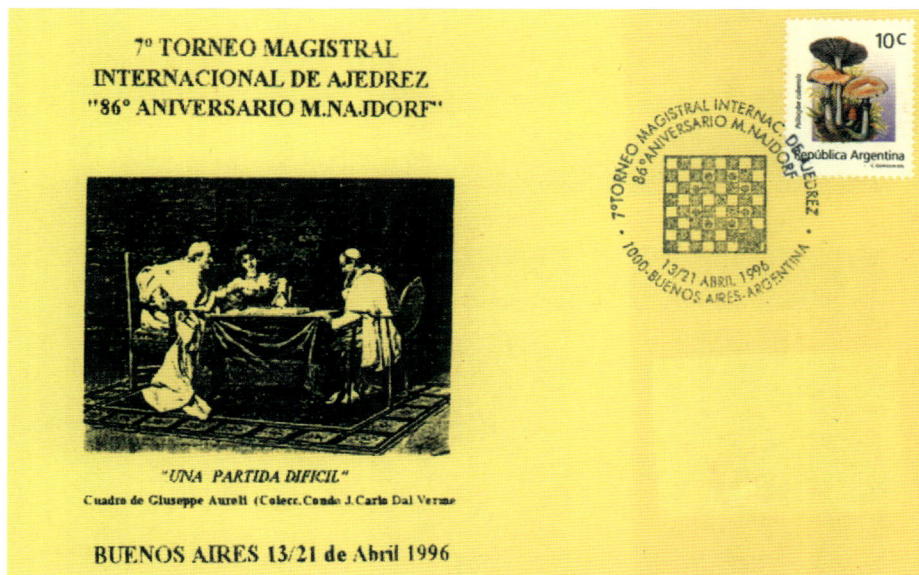

上面明信片、纪念封上的人物均为二人对弈

国际象棋对弈时，须单手执棋。猜先后由执白棋者先行，然后交替进行，棋子在黑白格子中按规则行棋。

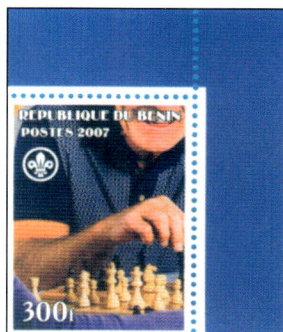

右四枚为印样票

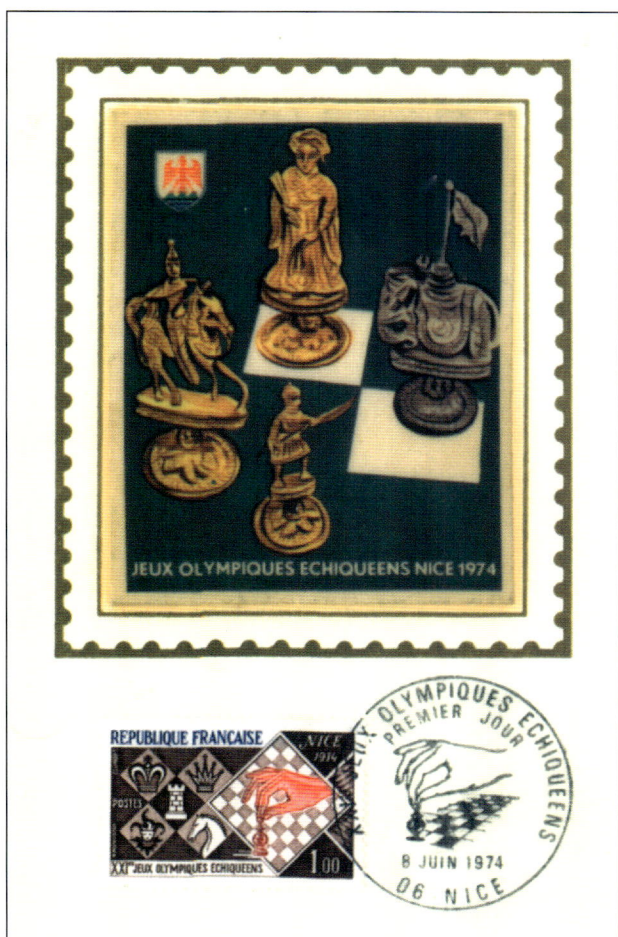

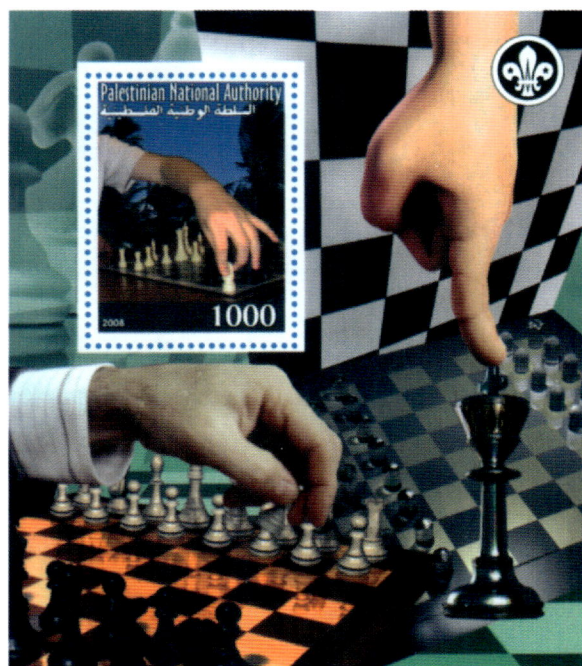

下列邮票均为单手执棋的图画，非规则的运子行为均判违例犯规。正式比赛均对违例次数有一定的规定。

表现用手执棋的两组五次分色印刷邮票。
下列两行左1为邮票主图，右4枚均为印样邮票——试色分色印样票。

* *

上列两枚小全张，上为邮票主图，下为漏色印刷票。右2枚为齿孔移位变体邮票。

2.2 国际象棋的棋具（棋盘、棋子、棋钟）

棋盘由黑白64个格子组成，棋子由立体或平面棋子构成，棋钟现为机械或电子棋钟两种。

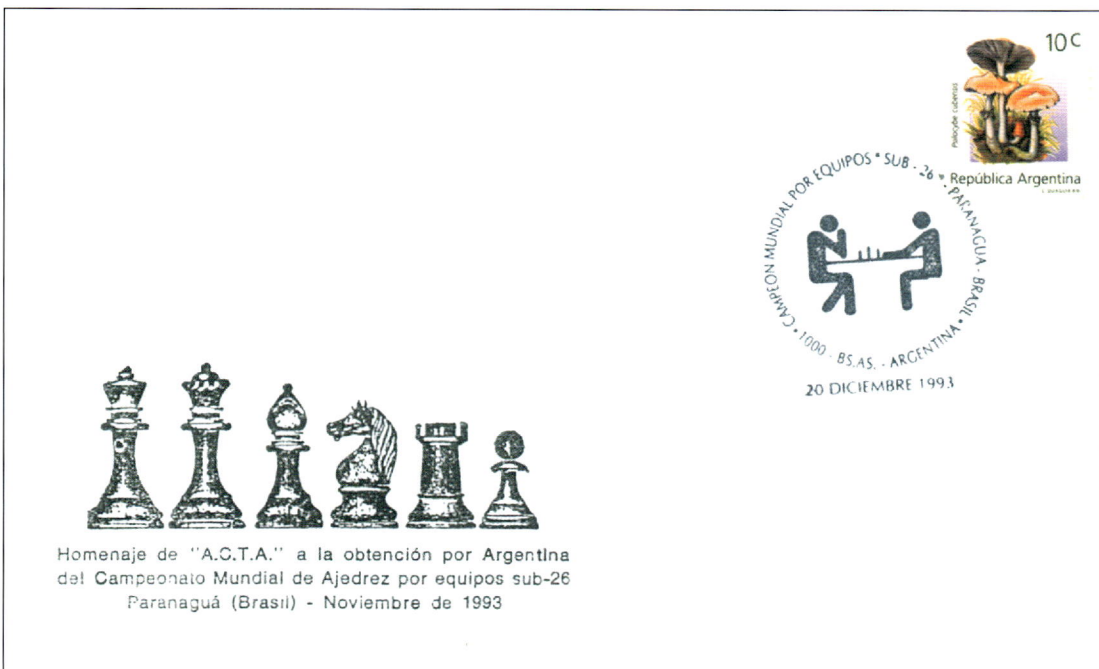

2.2.1 棋盘

棋盘为正方形，由64个黑白相间或深浅两色格子组成。现在的棋盘有的为彩色，主要是为了吸引爱好者。棋盘放在对弈者中间。

棋盘上的数字为坐标图，用于初学者识谱、记录用。比赛用的棋盘没有坐标数字。

2.2.2 棋子

棋子为每一方相同颜色的各6个兵种16枚棋子，分别为1王1后2车2马2象8兵组成。

开局前棋子按规定摆在棋盘的格子内。

小变体邮票——黑白棋子摆放错误，属趣味品邮品。

图为小本票封一的棋子图形。

1976年10月25日纪念首日封上的棋子图形。

早期的国际象棋每一方的棋子只有4枚，后来变为6枚、12枚不等，到16世纪左右才逐步定型为16枚棋子，与现在每方16枚棋子一样。

下面为残局时棋子在棋盘上的行进图例

****

上图为7～12世纪左右用骨头、石块、木料做的棋子

各种棋子在残局时，在棋盘上运行的图例。

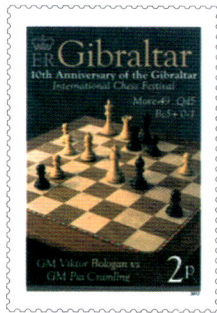

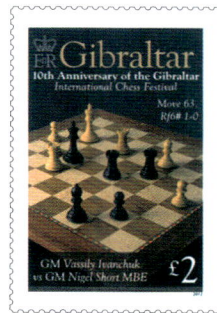

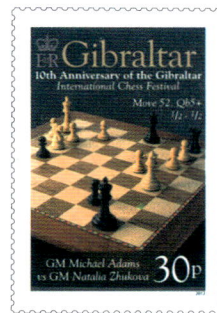

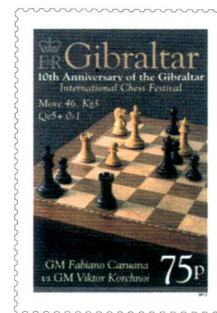

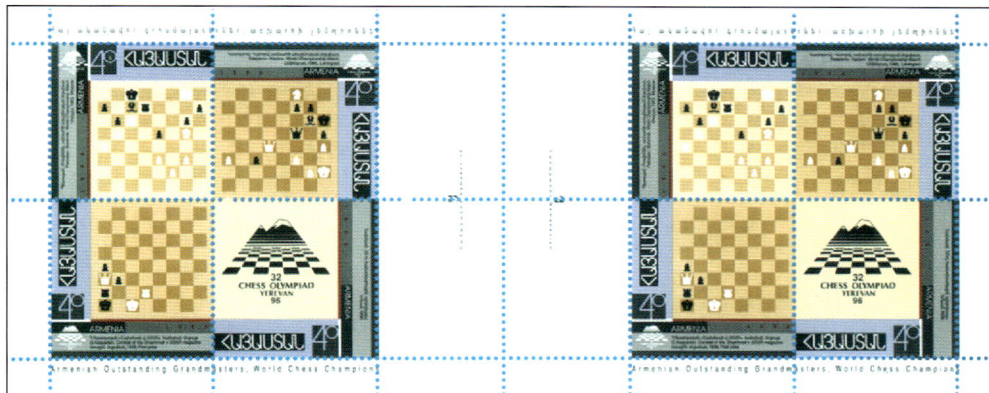

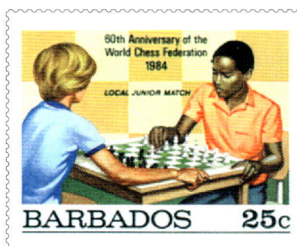

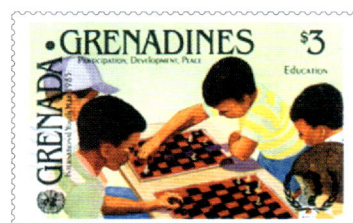

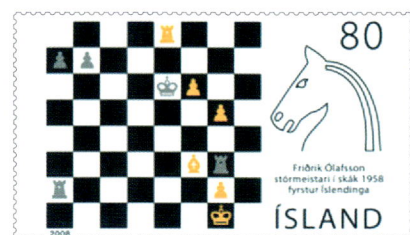

早期的棋盘与棋子很不规范，16世纪左右才逐步定型与现制相同。早期的棋盘有9×9格、12×12格的，早期的棋子每方有4子至12子不等。

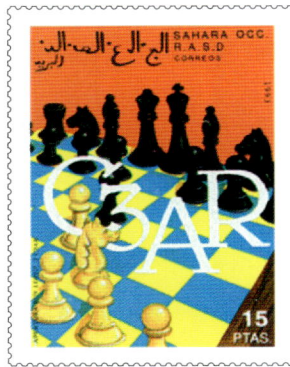

早期的国际象棋只是宫廷、王府内的娱乐活动，现在已成为人民大众的文化生活。

单人也可打谱、复盘练习

2.2.3 棋钟

棋钟亦谓计时钟，即比赛时用以计量每一方行棋时所用时间的钟。棋钟的运用是随着社会进步，规则在不断改变而应运而生的。早期的比赛用钟为单面，后发展为双面，并发展为配有钟旗的机械钟。现在进化为多种功能的电子钟。

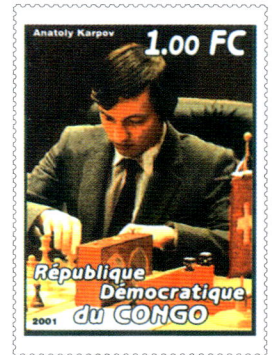

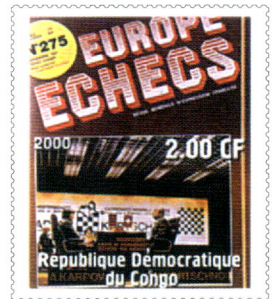

2.3 棋子的形状

棋子的形状多为立体形，力求美观、稳定。教学用棋子多为平面形的。棋子形状的演变来源于不同民族的习俗和风格。

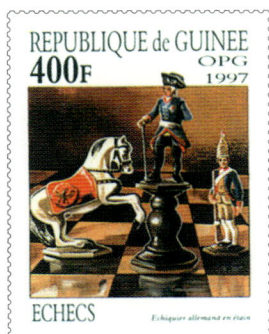

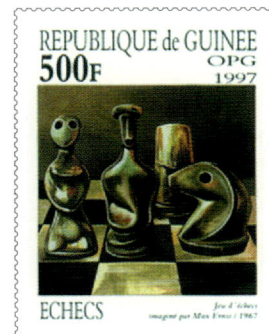

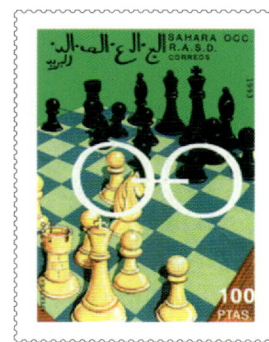

棋子形状有的极其迷人，棋子形状亦在不断地发展变化，充分显示出各个国家的制造者、设计师及棋艺专家们的想象力和创造力。

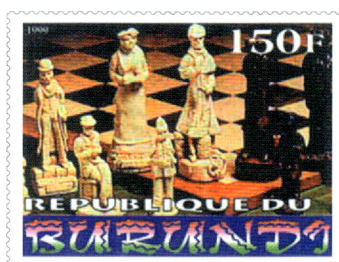

根据最早的文字记载，约在600多年前，国际象棋棋子被做成人和动物等形状。棋子形状各异，是由于国际象棋的发展、演变而进化来的。

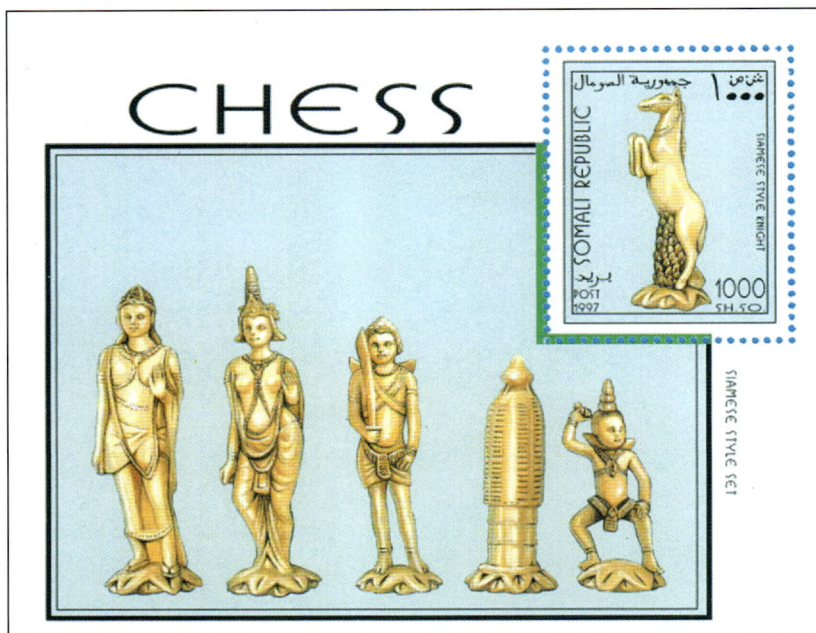

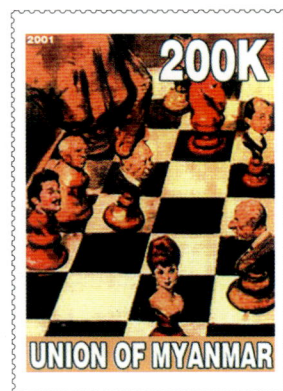

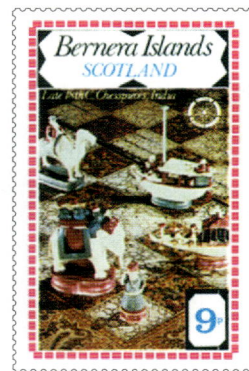

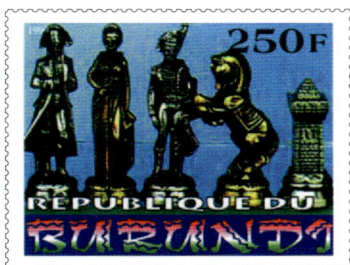

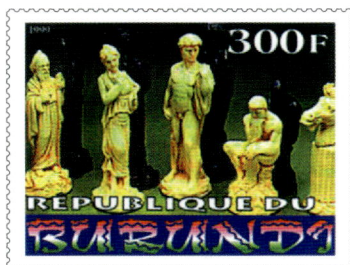

棋子形状大多数为传统样式，有的设计得比较抽象，有的棋子酷似艺术品，这些美妙形状的棋子多为爱好者收藏，比赛时多用传统样式的棋子。

2.4 棋子的材料

棋子的材料多数为木料、塑料及其仿制品。早期的棋子有的为纸片、竹子、泥巴、骨头、象牙等。

图谱中的印迹为半月纪念戳

棋子的材料也有橡木制品、铁质制品、陶瓷制品及金银等贵重金属等，据资料介绍可达20余种。

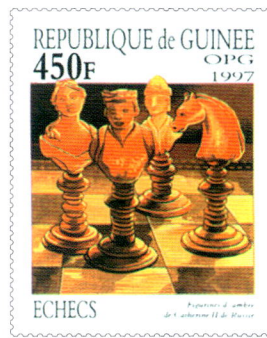

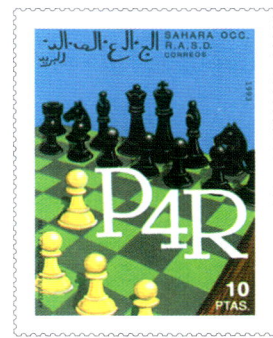

2.5 棋子的走法与吃子方法

棋子王（king）。王亦称国王或皇帝，简称王。王可以横格、直格、斜格走，每次只走一格（王车易位除外）。王的吃子方法与走子方法是一样的，凡能到达的位置，有对方的棋子就可吃掉。

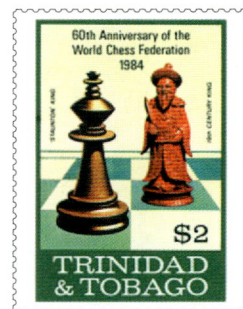

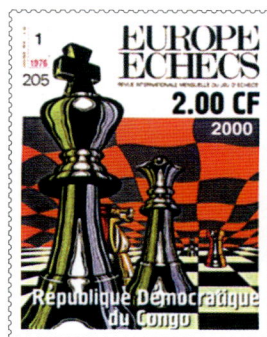

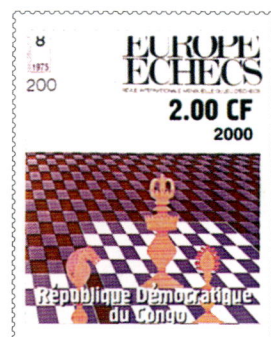

王是一国之主，是权势最高的棋子，但价值威力不高，王系棋局的胜负于一身。王可以走遍棋盘上的各个方格，没有王对脸的限制，王不准给对方送吃。

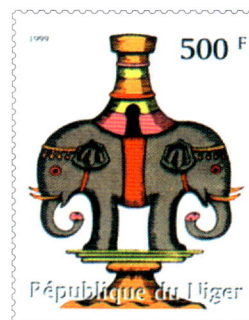

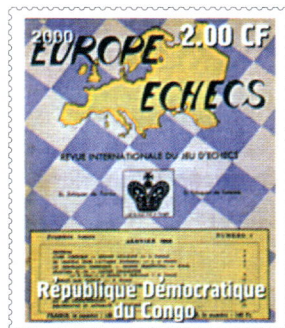

棋子后（Queen）。皇后简称后，后可以横格、直格、斜格走，每着格数不限。棋子后早期的走法是每着只走一格，1475年规则改变，后的走法才变成现制。后的吃子方法与走子一样。

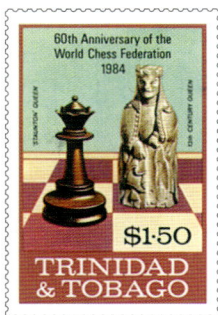

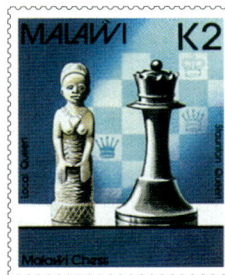

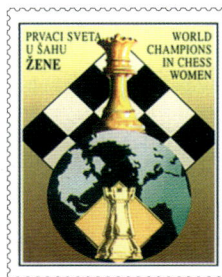

有的国家早期称后为狂暴的棋子、骆驼、宰相、大臣、律师等。后是全军的主力，属远射程武器，是战斗力最强的棋子。

1984年莫斯科国际象棋冠军赛纪念戳中的图形为棋子后。

棋子车（Rook）。车可以横格、直格走，每着格数不限。王车易位时对车有特殊的要求。车的吃子方法与走子方法一样。

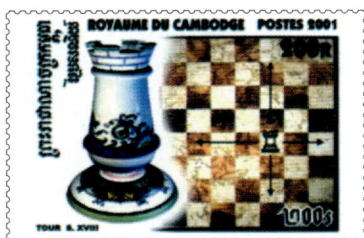

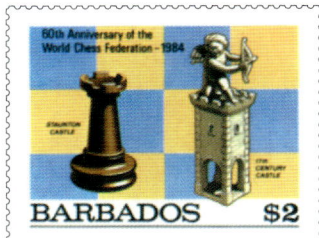

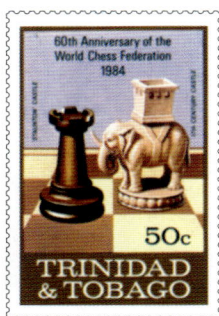

第13届女子友好国际象棋赛，纪念戳图形左侧为车。

有的国家称车为城堡、堡垒、战车、塔或船。车的威力是仅次于皇后的棋子，属重武器，远射程的强子，是清除敌方横、直线的"重炮手"。

该枚纪念封上的邮票为车

下列两枚纪念封中，是盖有车形纪念戳图案的纪念封。

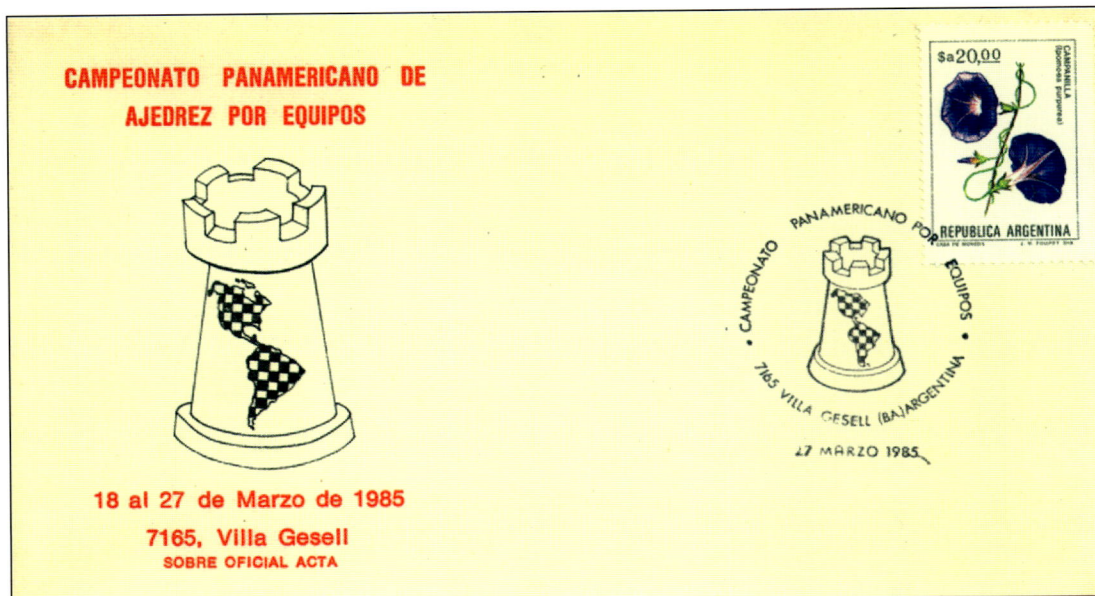

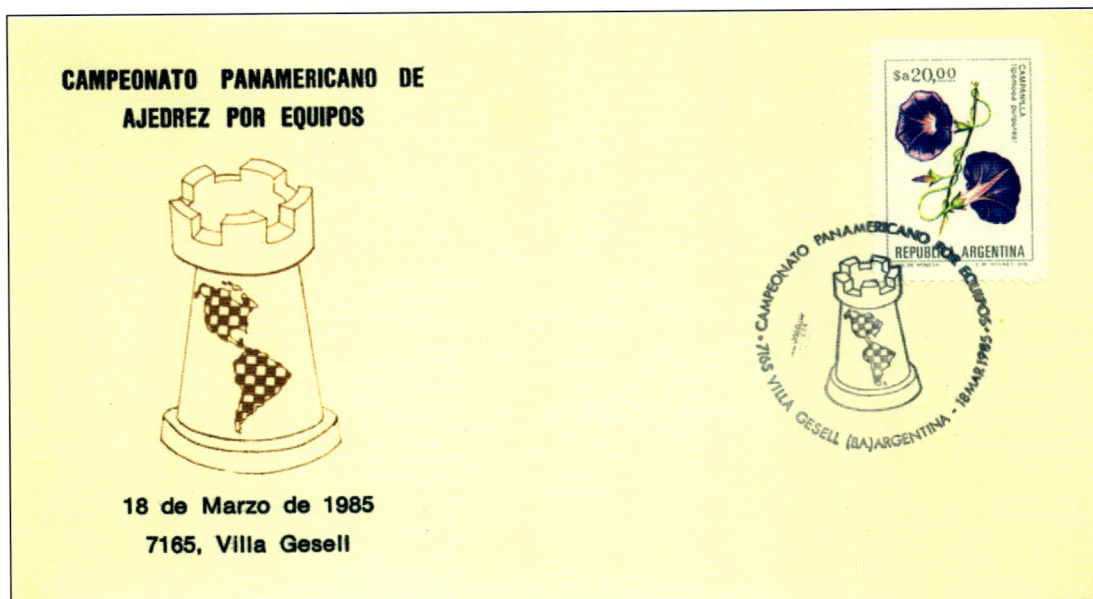

棋子马（Knight）。马的走法非常特殊，既不能走横、直格，也不能走斜格。马的走法为两直一拐或两横一拐，和中国象棋马走日相似，但没有"蹩马腿"的限制。

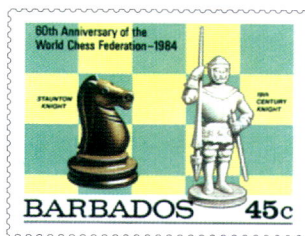

马的走法也可说是按英文字母"L"形进行跳跃，吃子方法与走法相同。马在棋盘上可纵横跳跃，有八面威风之称。

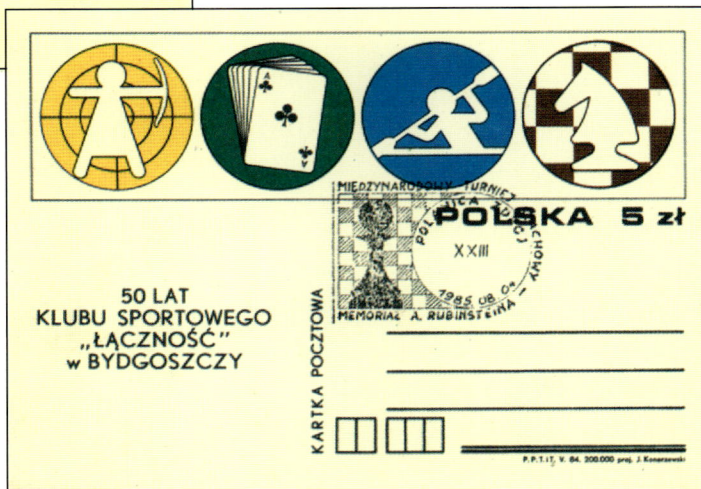

这枚马的邮票是世界上发行最早的国际象棋邮票

马属于轻武器、短兵器，其威力与象相同，较后、车威力弱。

表现有各种马形图案的票、封、戳。

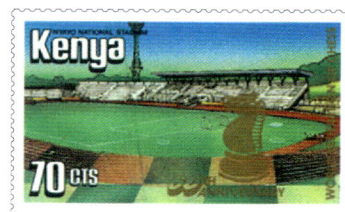

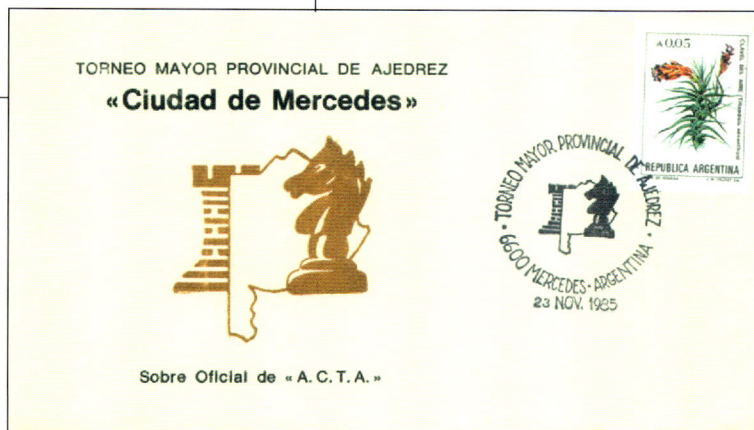

有的国家把马称为骑士、跳高和跳远者。马的吃子方法与走法相同。

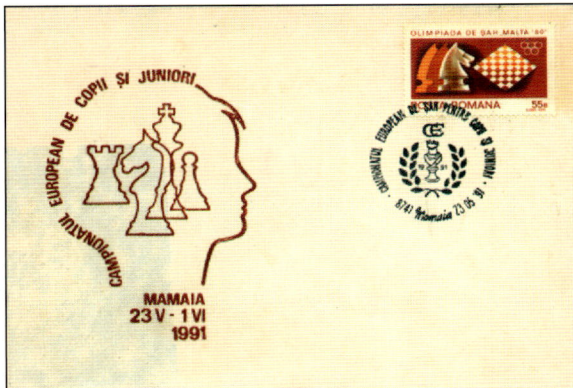

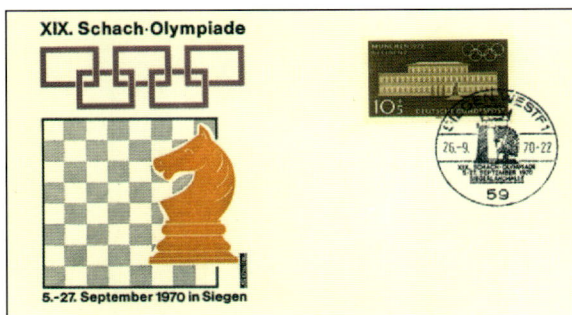

各种马形图案的票、封、戳。

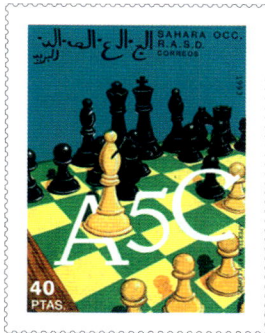

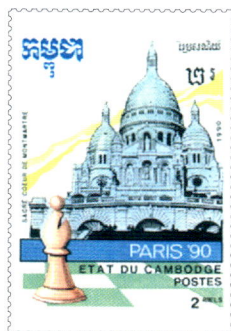

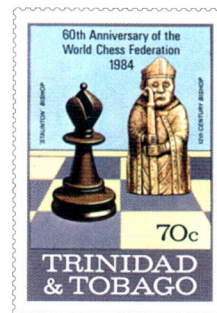

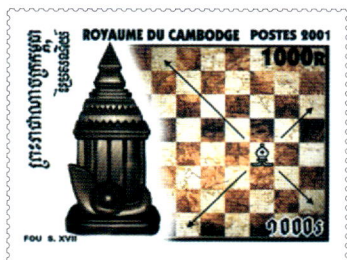

棋子象（Bishop）。象走斜格，每着格数不限。象无九宫限制，能在本色斜线驰骋。吃子方法与走法相同。

有的国家把象称为教士、战象、传令官。
象属于轻武器，长兵器；威力与马相同，较后、车威力差。

兵（Pawns），兵只能向前走，不能后退，在原始格时第一次可以走两个格或一个格，吃子为斜走一格；另有兵升变和吃过路兵的规定。

兵的威力不大，但在棋局中也会起着非常重要的作用。有位大师说："兵是棋的灵魂。"

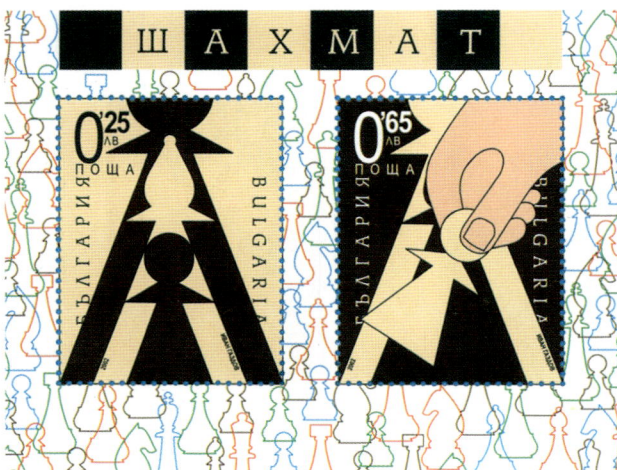

有的国家把兵称为农夫、劳工。

3. 国际棋联及其活动

　　国际象棋联合会（FIDE）简称国际棋联，1924年在巴黎成立，现总部在瑞士洛桑。其口号为"我们是一个大家庭"。

　　3.1 国际棋联的各种会议、纪念活动和赛事

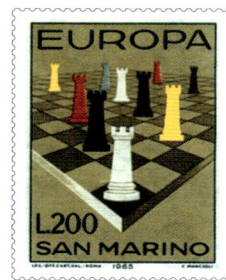

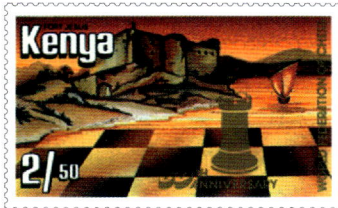

国际棋联格拉茨会议
1982年莫斯科区际候选人挑战赛
波兰纪念60周年邮资明信片
纪念国际棋联60周年活动的邮票

国际棋联现有169个成员国，是世界上最大的单项体育组织之一，仅次于国际足联，号称世界第二大运动。国际棋联每年都有各种活动。

带有国际棋联徽志的纪念活动邮票。

国际棋联成立50周年纪念邮票。

3.2 国际棋联的赛事活动
3.2.1 最早的比赛形式──对抗赛。即世界个人冠军争霸赛或锦标赛

1948年莫斯科五强赛，鲍特维尼克获胜成为第6位世界冠军。这3枚邮票是世界上表现世界冠军赛的第一套纪念邮票。
1950年原苏联选手布龙斯坦和鲍特维尼克对抗赛

卡帕布兰卡在1921年对抗赛上获胜成为第3位男子世界冠军

国际棋联在世界女子冠军赛前寄给棋手谢军的公事文件封

在国际象棋历史上，正式的个人世界男子冠军赛始于1886年，之前曾于1851年和1858年举办过两次非正式男子冠军赛。个人女子世界冠军赛始于1927年。每次只产生一位世界冠军。

冠军赛的老赛制是由挑战者向上届冠军挑战，现在已实行新的赛制办法。

冠军争霸赛上的故事奇多，而在卡尔波夫和卡斯帕洛夫赛事上的趣事更多。

1984年9月，卡尔波夫接受卡斯帕罗夫的冠军挑战赛，由于赛制原因，结果成了马拉松式的比赛，比赛历时153天，共弈48盘，大卡5胜3负40和后仍未结束，国际棋联宣布无效，于1985年重赛。

　　1978年科尔奇诺依挑战卡尔波夫未果，大卡卫冕成功。

　　1985年莫斯科冠军争霸战，卡斯帕洛夫13：11胜卡尔波夫，成为第13位世界冠军。

3.2.2 世界性最大规模的棋赛——奥林匹克团体赛

国际象棋曾参加了1912年斯德哥尔摩和1924年巴黎的两届奥运会，因奥委会坚持只有业余选手才可参赛的原则，所以国际棋联便自行组织国际象棋奥林匹克赛，凡会员单位均可派队参赛。

第9届奥赛（1950·杜布罗夫尼克）这是世界上首套奥赛纪念邮票

上列分别为第24届奥赛（1980·瓦尔纳）、第17届奥赛（1966·哈瓦那）、第15届奥赛（1962·瓦尔纳）

国象奥赛全称"世界国际象棋奥林匹克团体锦标赛"。男子奥赛始于1927年，第二次世界大战前共举办8届，1950年改为两年一届，到2011年已举办了39届。获男子奥赛冠军最多的国家为原苏联。女子奥赛始于1957年，到2011年已举办了24届，获冠军最多的国家为原苏联。中国女队自1980年首次参加奥赛已5次获奥赛冠军。

1行左1为21届，左2为30届；
2行左1为29届，左2为16届；
3行左1为13届，左2为17届，左3为20届；
4行左1为21届，左2为23届，左3为20届，
　　左4为21届，左5为20届。

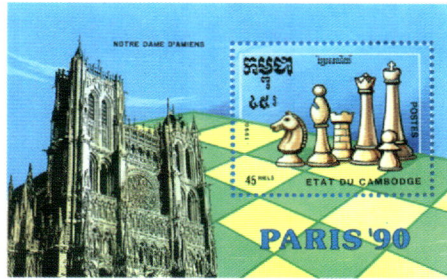

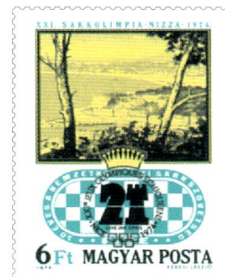

奥赛现在已有120多个会员单位参加，根据参赛队的多少，赛制已由最初的大循环赛改为分组循环，从1976年开始改为瑞士积分制。

1行左1、左2为17届，左3为32届，下左1为12届，左2为21届；
2行左1为14届，左2为32届；
3行左1为30届，左2为32届（图为小本票封1）。

3.3 其他赛事活动

　　国际棋联的宗旨是"团结所有国家的国际象棋协会，……支援世界国际象棋运动的开展，提高国际象棋水平，以增进人民之间的和睦与友谊"。

　　国际棋联组织的比赛有：国际象棋奥赛、世界团体冠军赛、男女世界个人冠军赛、世界杯赛、各大洲的团体和个人赛，以及青少年的各项赛事和国际棋联的大奖赛等等。

反映各种赛事活动的实寄封和邮票

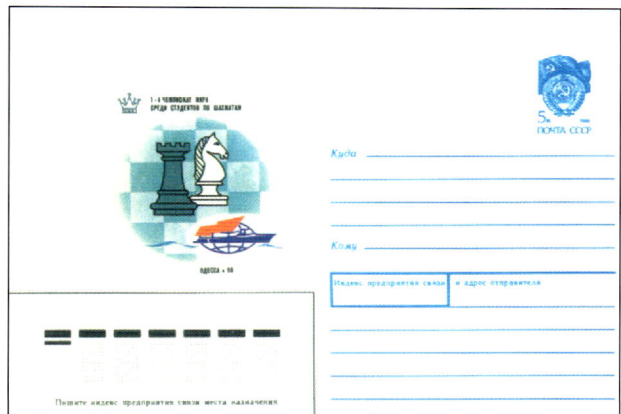

1982年莫斯科区际候选人挑战赛
1990年敖德萨第一届世界大学生
　　　国际象棋冠军赛
1982年冠军赛（左3为加字邮票）

国际棋联组织的比赛不断，世界各地战火连绵，棋艺水平不断提高。
下列为各种赛事的封、票、戳。

1977年莫斯科举办的欧洲男子国际象棋锦标赛

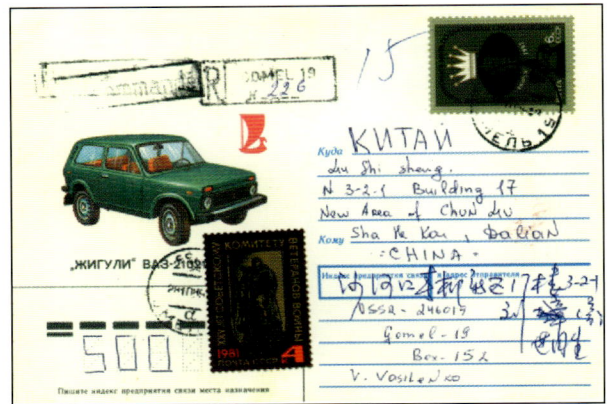

这是一枚实寄封

2002.6.5瑞典欧洲国际象棋赛电子机盖戳

国际象棋各种赛事频繁，世界上每年大赛在100次以上。战事不断，烽火连天，锻炼了队伍，提高了水平，发现了人才。

1995.3.18~20国际象棋区际赛的开、闭幕纪念戳

反映各种赛事的实寄明信片、票、纪念戳

反映各项赛事活动的邮票、小全张、小型张、明信片、纪念戳等。

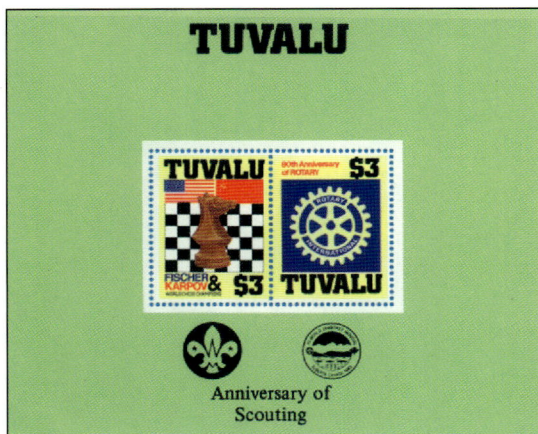

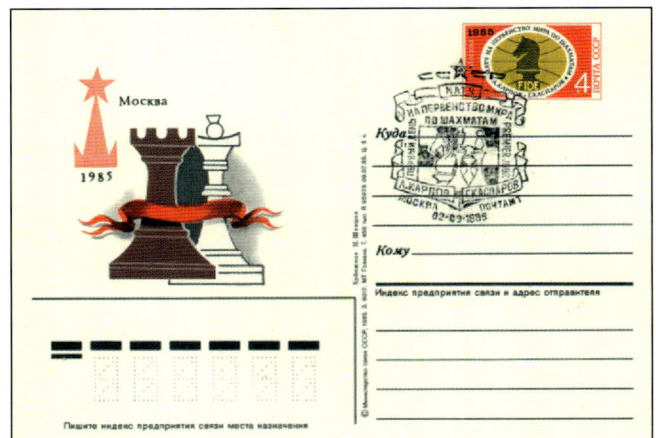

各项赛事活动是国际象棋界的大事，因此各主办国非常重视，都在赛事活动期间发行纪念邮票等。国际象棋邮票才始于1947年，但是纪念邮戳却是活动的见证，因此一些早于邮票发行时的纪念戳便显得珍贵。

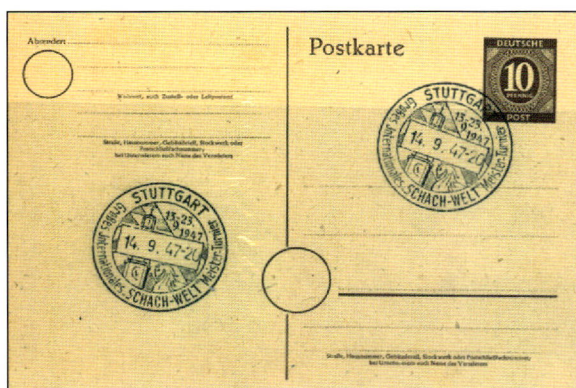

表现各项赛事活动的纪念封、实寄封、纪念戳和纪念邮票等，都真实地记载了国际象棋活动的历史。

反映赛事活动的小全张、无齿票、纪念封、纪念戳等。

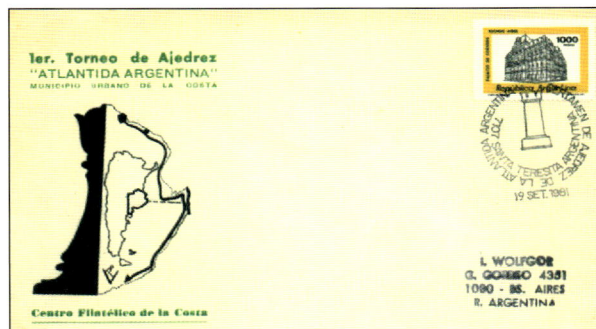

反映各种比赛的纪念明信片、纪念封、纪念戳等。

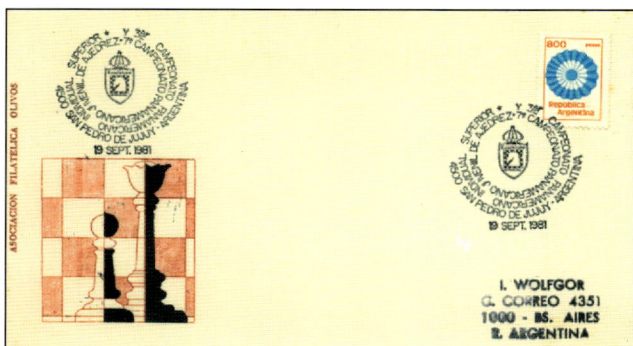

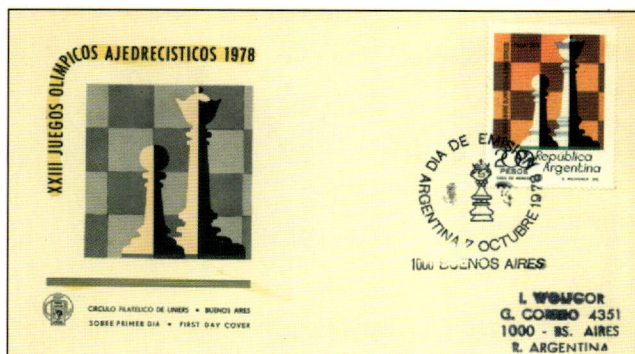

表现赛事活动的邮票、加字小全张、纪念封、片、戳等。

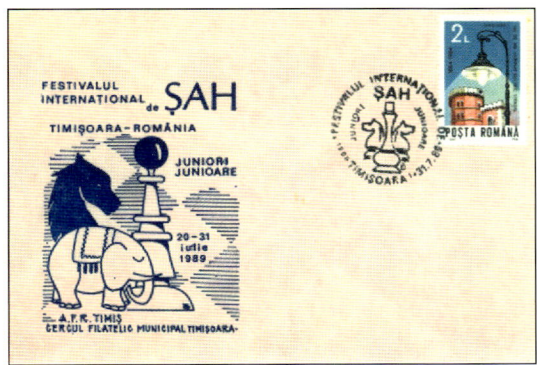

4. 现代国际象棋的著名棋手

4.1 男子世界冠军

国际象棋世界个人冠军赛，是世界上最高级别的个人锦标赛。男子个人冠军赛始于1886年，每届产生一位世界冠军，到2011年共产生18位男子世界冠军。

第1位世界冠军　奥地利棋手　斯坦尼茨（1836－1900）

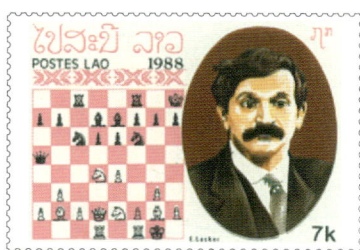

第2位世界冠军　德国棋手　拉斯克（1868－1941）

第3位世界冠军　古巴棋手　卡帕布兰卡（1888－1942）

卡帕布兰卡少儿时代便显露棋艺才华，4岁时就懂棋理，11岁即为古巴强手，13岁就战胜古巴冠军科尔佐而轰动全国，随后战胜多位欧美强手，被誉为天才棋手。1921年成为世界冠军。

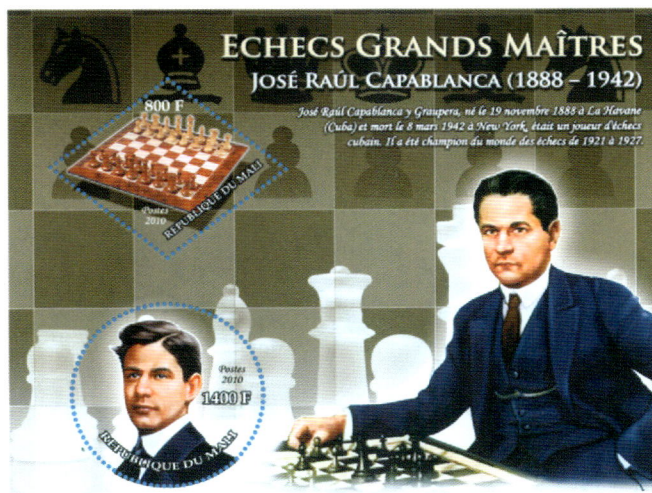

纪念卡帕布兰卡成长史的各种纪念邮票

在无尽的历史长河中，卡帕布兰卡的英名，不仅成为古巴人民的英雄，并在世界棋迷的心中留下了永恒。

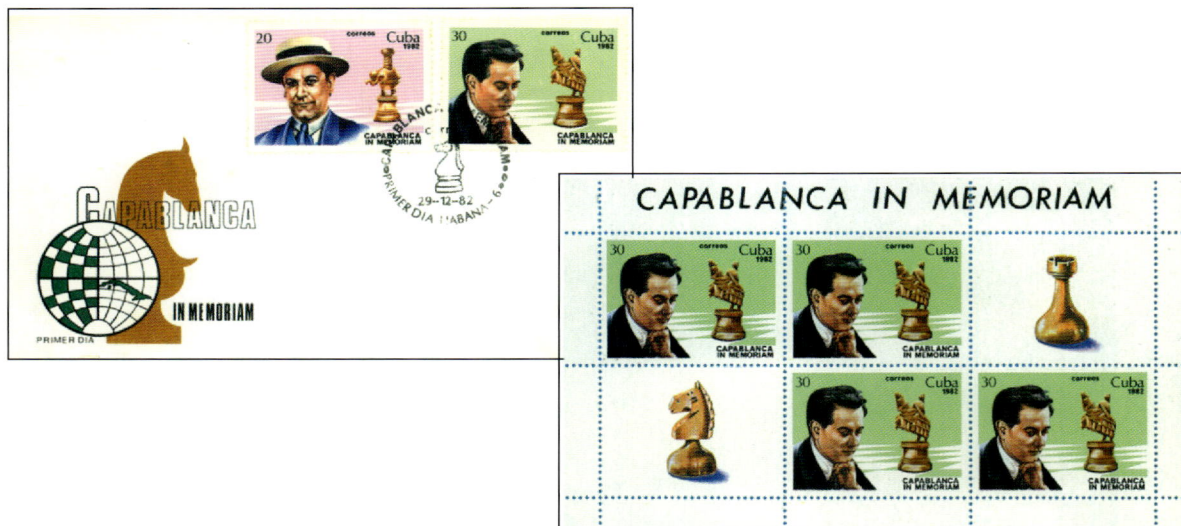

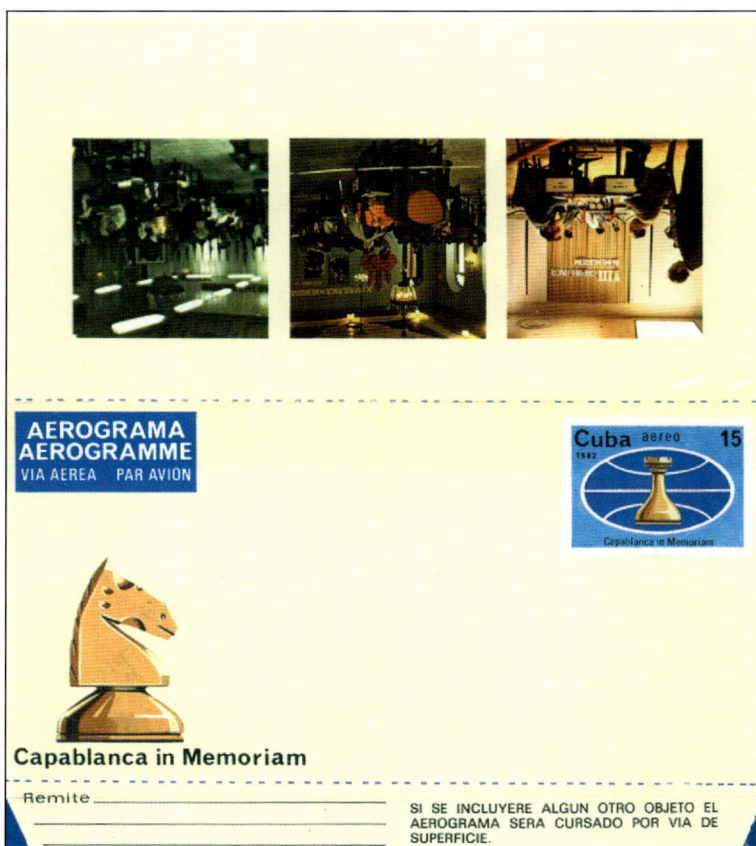

古巴为纪念卡帕布兰卡而发行的纪念邮简

天才棋手是人们永远无法复制的传奇，大师们为棋迷留下的是棋坛佳绩。卡帕布兰卡永远是人们的楷模。

古巴为纪念卡帕布兰卡
而发行的各种纪念邮品

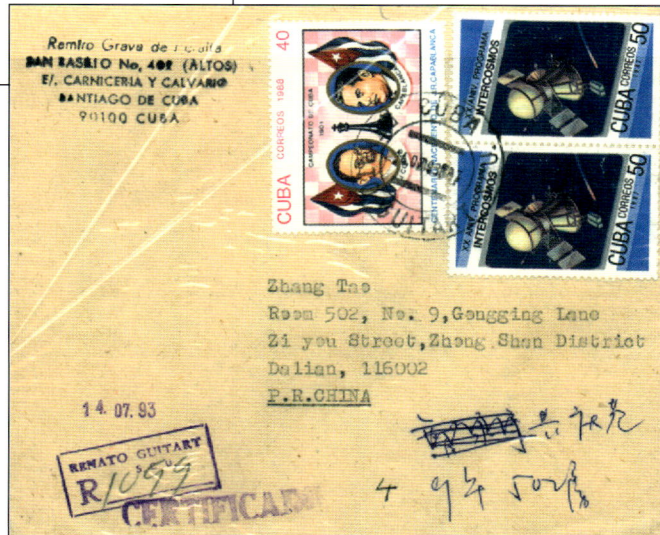

第4位世界冠军　法籍俄裔棋手　阿廖欣（1892－1946）

1892年生于俄罗斯，19岁时移居法国。1927年成为世界棋王，保持冠军称号近20年。他技术全面，对技术和战术组合运用得当，有丰富的想象力和独创性，一生中获得过近70项冠军，擅长车轮战和盲棋表演。他曾于1933年1月25日—28日访问过上海，进行过车轮战和盲棋表演，推动了中国的国际象棋活动。一生著作颇丰。

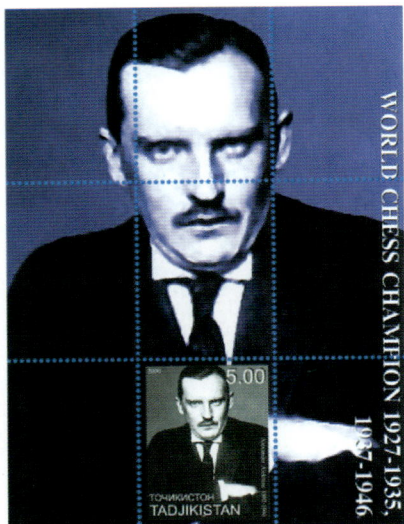

第5位世界冠军　荷兰棋手　尤伟（1901－1981）

5岁学棋，青少年时代即成为佼佼者。1935年战胜阿廖欣成为世界冠军。一生中出版了70余种棋书。1970年当选为国际棋联主席，任职到1978年。是著名的棋坛社会活动家，同时又是一位数学博士。

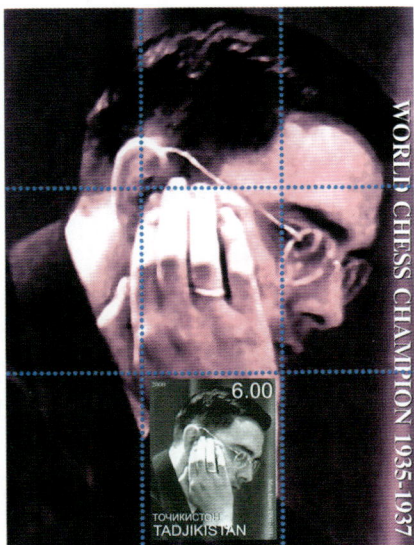

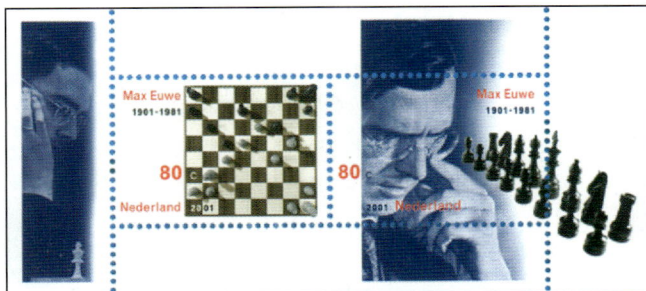

第6位世界冠军 苏联棋手 鲍特维尼克（1911－1995）
1948年在五强赛上获胜成为第6位世界冠军。

鲍特维尼克是苏联的第一位世界冠军，他是苏联国际象棋学派的领袖，由他引领使苏联走向世界棋坛的霸主地位。他一生在国际象棋棋艺理论上论著颇丰，积极倡导科学训练，培育了大批后继人才，其中大卡和小卡两位棋王都是他的学生。

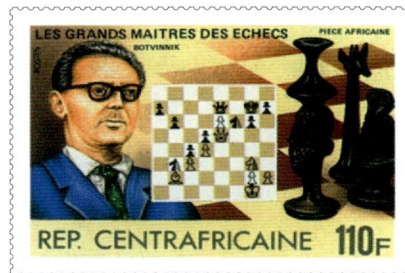

鲍特维尼克不仅在棋坛上成绩卓著，同时又是电气技术专家。拥有体育理论学和技术科学的双博士称号，退出棋坛后，仍从事电气技术和研究国际象棋电脑程序工作。

第7位世界冠军
苏联棋手
斯梅斯洛夫（1921—2010）

他在青少年时代就成为苏联棋坛上的佼佼者，是位局面型高手，善于运用战术组合，1957年成为世界冠军。他还是一位歌唱家。

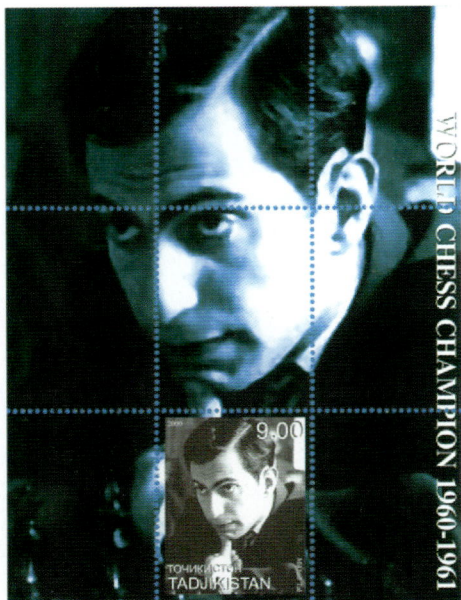

第8位世界冠军　苏联棋手　塔尔（1936-1992）

　　7岁时学棋，16岁获大师称号，21岁获国际特级大师称号，4次获得全苏冠军。1960年成为世界冠军。

　　塔尔驰骋国际象棋多年，多次获得苏联及世界大赛的冠军。他棋风豪放善于攻击，享有计算机、魔术师、即兴表演的美誉。

第9位世界冠军 苏联棋手 彼得罗辛（1929－1984）

彼得罗辛在童年时就显露出非凡的棋艺才华，并得到了名师的指导，很快就在国际棋坛名声显赫，于1963年对抗赛上获胜夺得了世界冠军，被誉为铁的棋手。

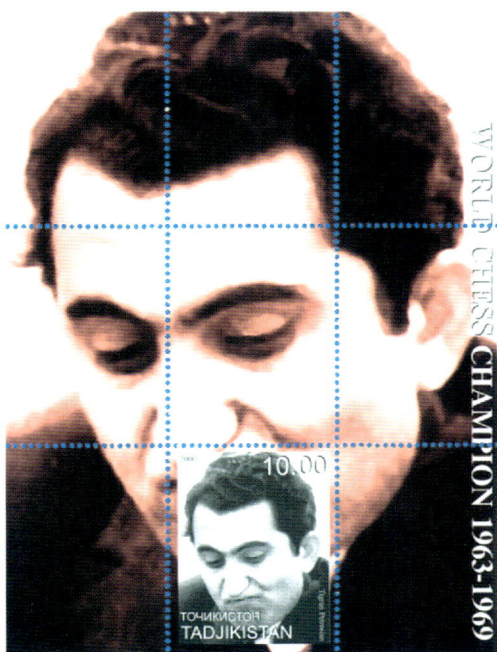

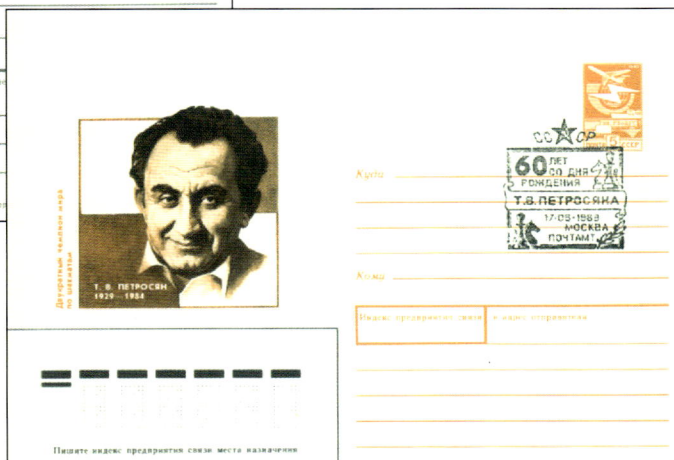

为纪念彼得罗辛而发行的封、票、戳

第10位世界冠军　法国籍
苏联棋手　斯帕斯基　1937年生

少年时期就在国际象棋上表现出极高的天赋，15岁荣获国际大师称号，18岁取得世界青年冠军，19岁成为世界上最年轻的国际特级大师。1969年在世界冠军对抗赛上获胜成为第10位世界棋王。

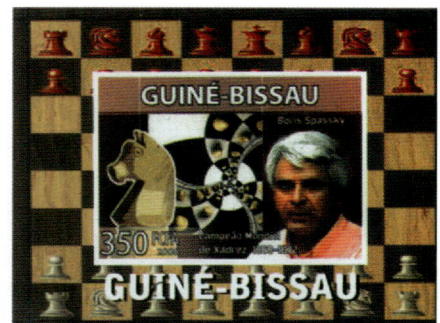

第11位世界冠军 美国棋手 菲舍尔（1943－2008）

　　6岁时自学国际象棋，8岁就参加了国际象棋俱乐部，14岁获全美少年公开赛和成年锦标赛冠军，此后连续8届获美国冠军，并在世界上参加各种大赛，于1972年冠军争霸赛上获胜成为新的世界冠军。登上世界冠军后不再参加任何正式比赛，被称为棋坛怪杰。2005年移居冰岛，致力于棋具改革和赛制规则，2008年病逝于冰岛。

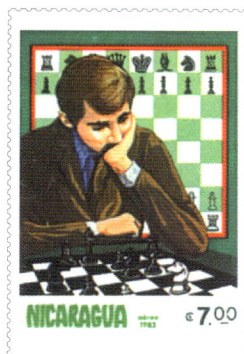

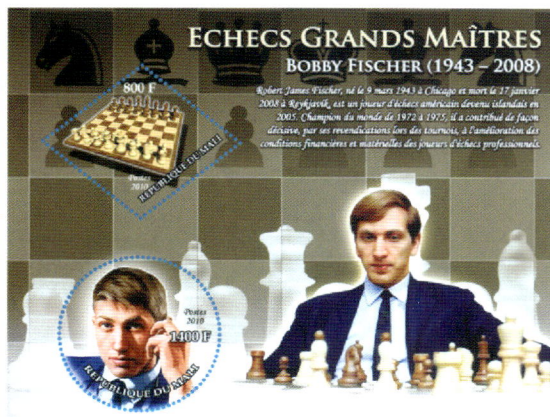

第12位世界冠军　苏联／俄罗斯棋手　卡尔波夫

1951年生，4岁时跟父亲学棋并特别着迷。8岁时棋艺才华出众，15岁成为最年轻的国家大师，16岁获欧洲少年冠军，18岁获世界青年冠军并获国际大师称号，19岁获全苏冠军并获国际特级大师称号。1975年获世界冠军。在他光彩夺目的棋艺生涯中共7次获世界棋王称号，在他驰骋棋坛30多年中获冠军次数竟达近200次。

苏联于1981年为纪念卡氏三夺世界冠军发行的邮资纪念封

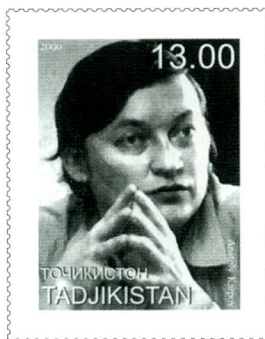

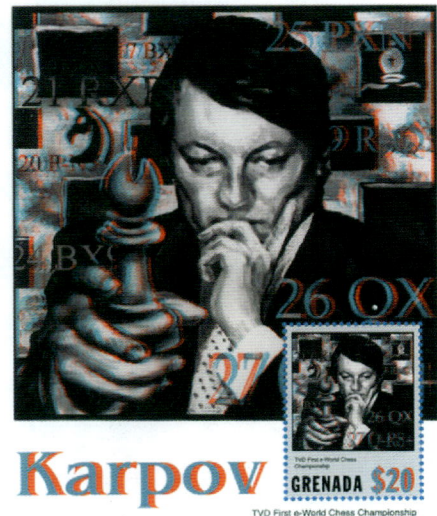

卡尔波夫毕业于莫斯科大学经济学系，在他面临选择数学家还是国际象棋时他选择了后者。他的精湛棋艺和彬彬有礼的绅士风度令世界棋迷们折服，他是当今世界的一代棋王、常青树，除了在世界棋坛建树颇丰之外，还担任世界新人发展协会的主席。曾几次来到中国传经送宝，是中国棋界的好朋友。

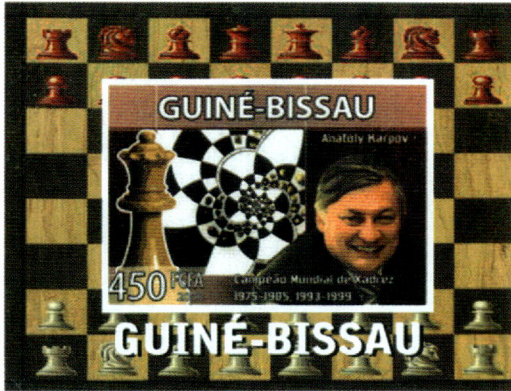

第13位世界冠军　苏联/俄罗斯棋手　卡斯帕罗夫

1963年生，小时候爱好读书，兴趣广泛，聪明而专注，"神童"的踪影就已显露，6岁就显示出对国际象棋有极高的天赋，10岁时进棋校，由鲍特维尼克亲自执教，17岁获世青赛冠军并晋升国际特级大师，1985年获得世界冠军。

卡斯帕罗夫是棋坛中的智慧明星，他曾三次与美国研制的电脑对弈国际象棋，他的高智商受到世界各界人士尊重。他棋风凶猛，善于弃子搏杀。

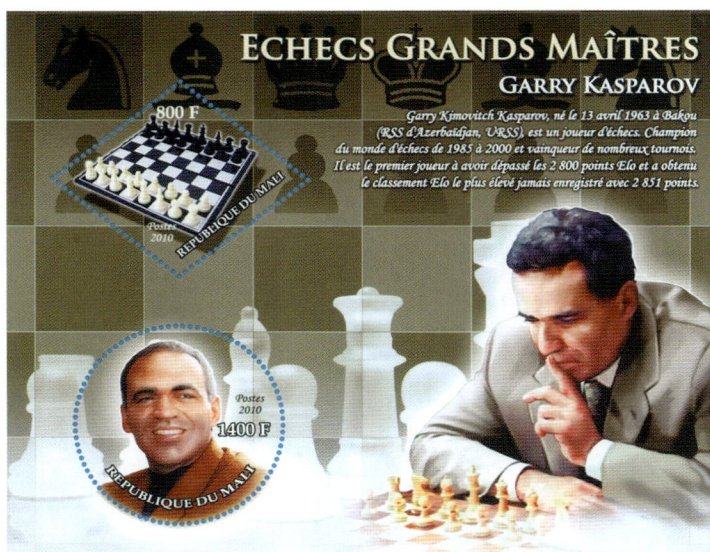

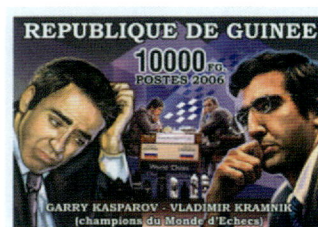

两枚金属箔邮票

卡斯帕罗夫在棋界外的天地亦游刃有余。他为了扩大国际象棋的宣传，曾多次进行车轮战和盲棋表演。同大卡多次争雄略占上风。毕业于师范学院外语系，有很高的文学修养，有多种论著问世。

2005年急流勇退告别棋坛，开始写作自传和棋艺论述，后又投身政坛，欲从国际象棋王者转型为俄罗斯政治家。

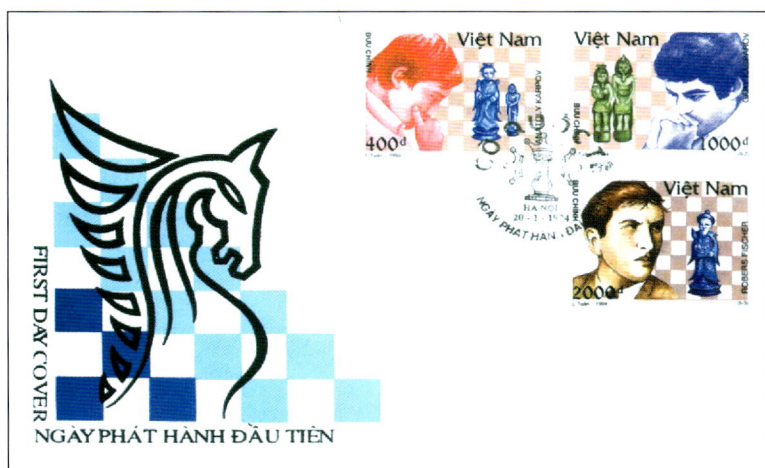

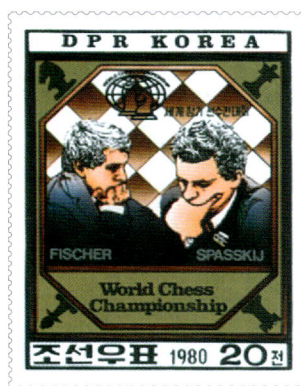

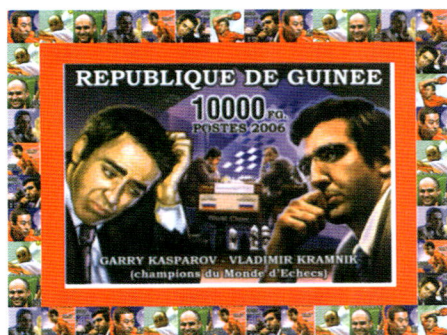

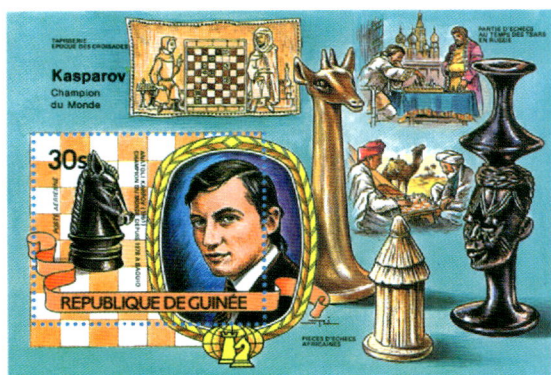

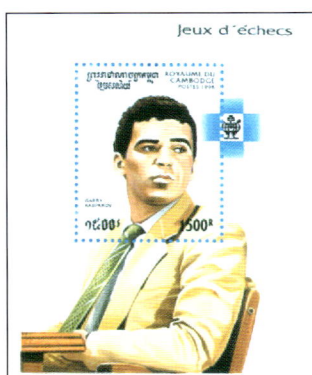

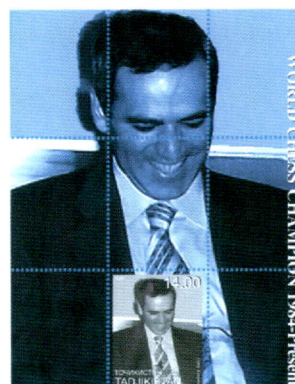

棋坛上巨星的浮出，使棋界本来就无常胜将军的旗帜不会飘扬太久，但他们的名字却永驻人们的心头。

明信片上的人物是鲍特维尼克

上图分别为斯坦尼茨、拉斯克、卡帕布兰卡和阿廖欣

上图的印样票为鲍特维尼克与斯梅斯洛夫争霸战五次分色印刷票

上图6组争霸战分别为鲍氏—斯氏、阿廖欣—尤伟、拉斯克—卡帕布兰卡
下行为彼得罗辛—塔尔、斯帕斯基—菲舍尔、大卡—小卡

棋坛盟主的不断易位，是棋界继往开来的体现。

请看这些显赫的名字：卡斯帕罗夫、阿南德（印度棋手，第15位世界冠军，三次国际棋联和职业棋协统一世界冠军，1969年生）、斯梅斯洛夫、菲舍尔、卡尔波夫、托帕洛夫（保加利亚棋手，第18位世界冠军、国际棋联世界冠军，1976年生）、克拉姆尼克（俄罗斯棋手，国际棋联和职业棋联的世界冠军，1975年生）。

优异的战果不是幸运女神罩护着，而是棋手们孜孜不倦地奋进及失而复得的勇气和信心。塔尖的伟岸依赖坚实的基石，64格倩影，当属今朝。

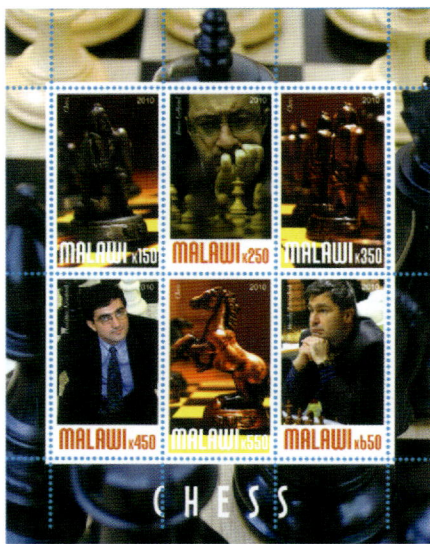

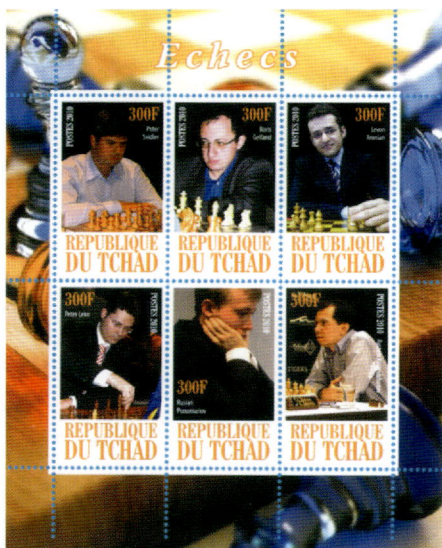

上列人物为大卡、小卡、克拉姆尼克、阿南德、巴尔绍夫（俄罗斯棋手、教练员，1949年生）、格尔凡德（以色列棋手、第5届世界杯冠军，1968年生）、伊万丘克（乌克兰棋手，世锦赛亚军，1969年生）、阿罗尼扬（亚美尼亚棋手，第3届世界杯冠军，1982年生）、列科（匈牙利棋手，世界亚军，1979年生）、波诺马廖夫（乌克兰棋手，第16位世界冠军，1983年生）、卡西姆扎诺夫（乌兹别克棋手，第17位世界冠军，1979年生）。

国际象棋生机盎然来自棋坛新星的升起，新星卓越的棋艺天才搏得全世界棋手的青睐，未来的世界是他们的，待羽翼丰满时荣膺世界冠军亦是当之无愧的。

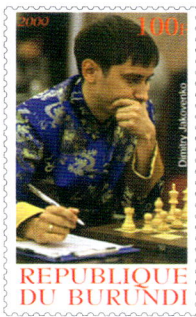

4.2 女子世界冠军

女子世界冠军争霸赛始于1927年。自英国棋手明契克成为第一位世界冠军后，至2011年共产生13位女子世界冠军。夺得女子个人冠军最多的国家是苏联／俄罗斯，中国现已有4人8次获得冠军，获得冠军年龄最小者为中国棋手侯逸凡（16岁）。

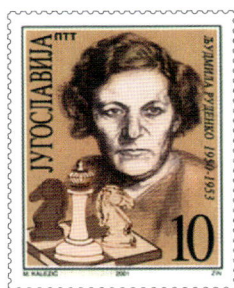

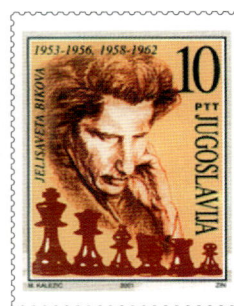

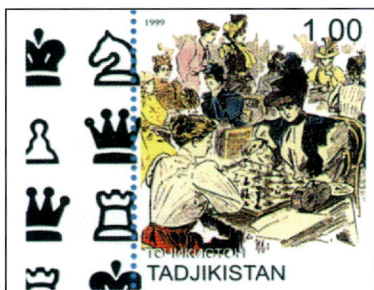

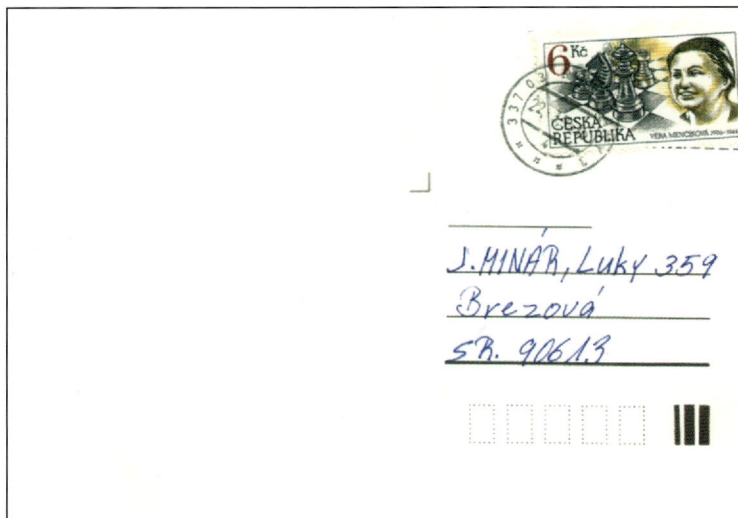

上列人物分别为： 第1位女子世界冠军 英国棋手 明契克（1906－1944）
第2位女子世界冠军 苏联棋手 鲁丹科（1904－1986）
第3位女子世界冠军 苏联棋手 贝科娃（1913－1989）

女子世界冠军，英国棋手维拉·明契克保持冠军称号17年，苏联棋手齐布尔达尼泽保持冠军称号13年。女中豪杰多为苏联人，又有匈牙利坚持家庭教育而出现的传奇式棋坛英杰波尔加三姐妹。

传奇的波尔加三姐妹

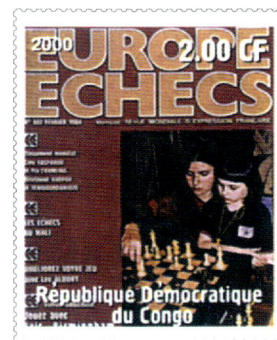

上列人物分别为：第4位女子世界冠军 苏联棋手 鲁布佐娃（1909－1994）
第6位女子世界冠军 苏联棋手 齐布尔达尼泽 生于1961年
第7位女子世界冠军 中国棋手 谢军 生于1970年
第8位女子世界冠军 匈牙利棋手 苏珊·波尔加 生于1969年

女子世界冠军赛，最早采用世界高手间的循环赛；后改为挑战赛，即先在世界各地选出世界冠军候选人进行循环赛决赛，从中决出一人为挑战者，与上届冠军进行多回合的争夺后产生冠军；从2000年起使用多轮淘汰制产生新的冠军。

　　下列世界棋后分别为第5位棋后加普林达什维里，第9位棋后诸宸，第11位棋后许昱华。

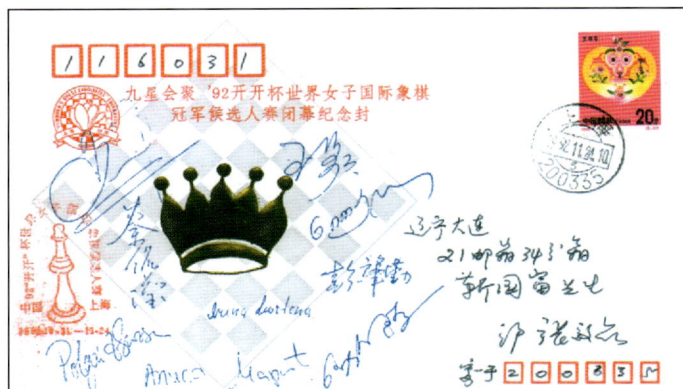

4次获得世界冠军的中国棋手谢军

中国的四位女子世界冠军：

谢军　1970年生　1991年获第7位女子世界冠军后，又于1993年、1999年和2000年共4次夺得世界冠军。

诸宸　1976年生　2001年获第9位女子世界冠军。是第一位从少年、青年到成年世界冠军的大满贯棋手。

许昱华　1976年生　2006年获第11位女子世界冠军。又是2000年、2002年的第一、二届世界杯冠军。

侯逸凡　1994年生　2010年获第13位女子世界冠军。又于2011年蝉联世界冠军。

4.3 国际特级大师

原苏联著名棋手凯列斯（1916-1975），18岁时获得爱沙尼亚冠军，后多次获全苏冠军，多次代表国家参加奥赛，多次参加男子世界冠军挑战赛，1950年获国际特级大师称号。

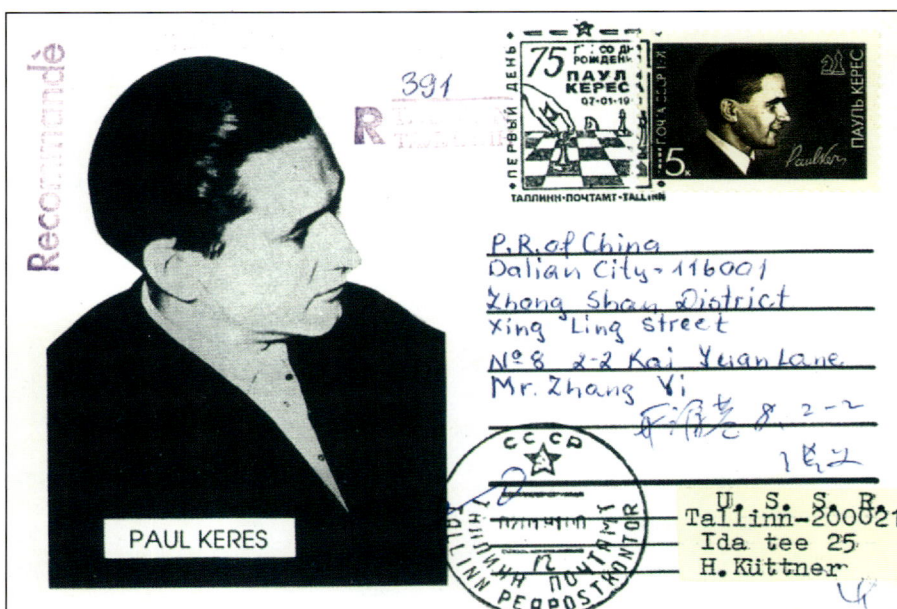

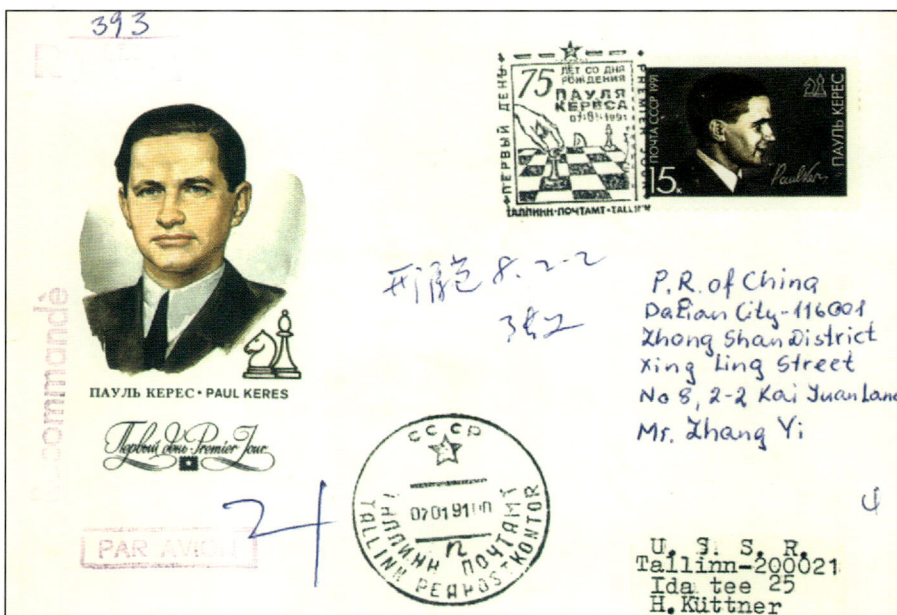

实寄封、片是原苏联为纪念特级大师凯列斯而发行的纪念封、片、戳。

　　国际特级大师，是国际象棋中国际等级称号的一种，是国际棋联根据棋手在重大国际比赛中所取得的成绩，由国际棋联授予棋手最高荣誉的终身称号。

　　请牢记他们的名字吧——我们心中永恒的偶像。

 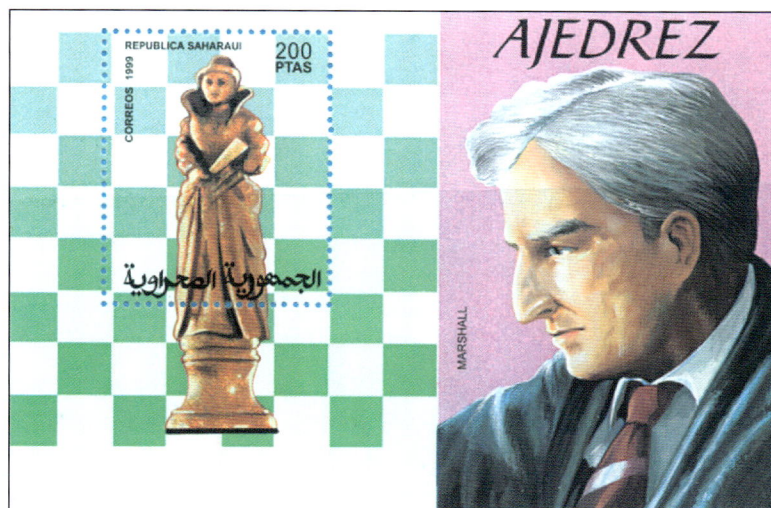

世界冠军是国际特级大师的杰出代表，世界冠军是众多国际特级大师中的佼佼者，虽然有的国际特级大师多次与冠军无缘，但这些无名英雄孜孜不倦的追求，坚韧不拔的精神，也是我们永远学习的榜样。

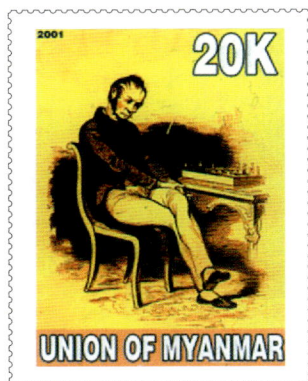

大师们的风采，绝妙的棋艺才华，令人眼花瞭乱的战术组合会使棋迷赏心悦目，心驰神往。

　　阿根廷教练那多夫、阿尔巴尼亚棋手司洛亚德夫、菲律宾棋手托雷等国际特级大师们永远是人们心目中的明星和英雄。

大师们在棋坛上的拼搏和奉献精神，是国人或世人永远学习的榜样。

这些塔尖上的国际特级大师，想必您肯定不会忘记：摩菲、菲利道尔、尤伟；菲利道尔、安德森、斯坦尼茨、阿廖欣、斯帕斯基、菲舍尔、卡尔波夫和卡斯帕罗夫等永驻史册的标兵。

中国1956年把国际象棋列为正式的体育项目，历经几代人不懈的拼搏和经受世界大赛历练，"国运盛、棋运盛"的哲理，正使国际象棋"女子个人、女子团体、男子团体、男子个人"四步冲向世界的战略目标已经实现和正在实现。这些成绩是中国国际象棋史上光辉的里程碑，它充分显示出中华民族具有的高度才华和聪明智慧。

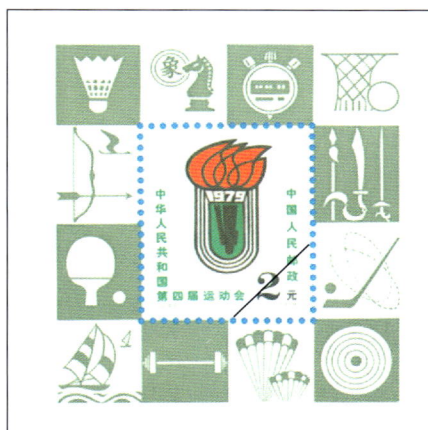

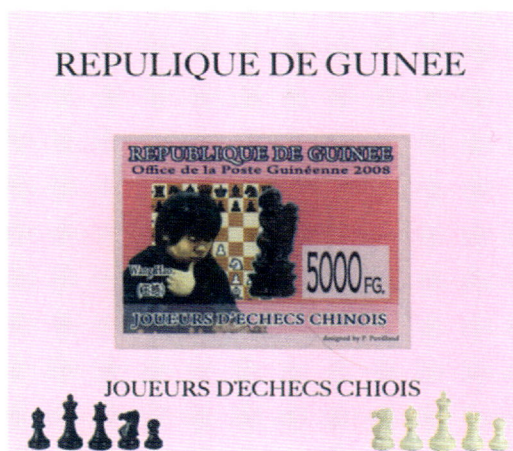

拼搏在世界棋坛上的部分中国的特级大师

中国自1991年谢军首获世界女子冠军后，到2011年中国女棋手已有4人8次获得棋后的称号，在女子国际棋坛上出现的"中国现象"令人震撼并将势不可挡。女队的崛起，带动了国际象棋的飞速发展。在奥赛、世界团体锦标赛等世界大赛中中国男女队员曾多次站在最高领奖台上。男子也正在形成一支不可抗拒的青年群体，后浪推前浪，年轻健儿腾飞阶段的号角已经响起。

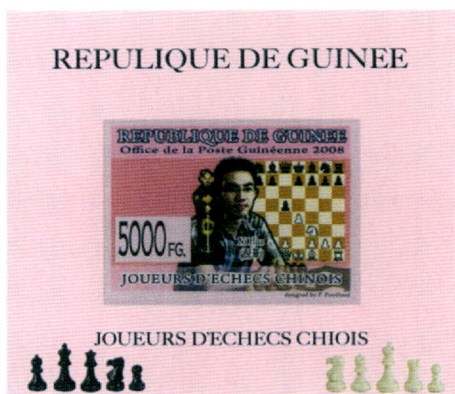

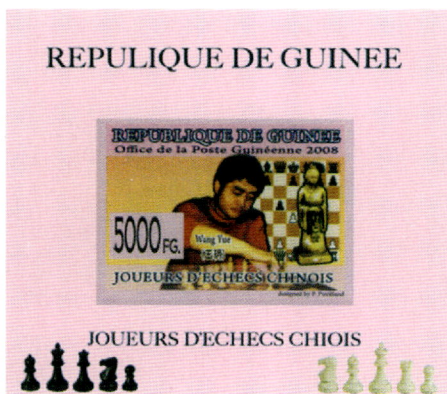

拼搏在世界棋坛上的部分中国的特级大师

女子国际特级大师们光彩照人。她们的可贵之处在于早期、长期的迷恋与科学训练，以及刻苦的学习与聪慧的睿智。

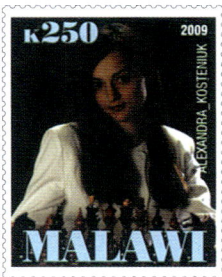

请记住：约谢里阿妮、斯坦凡诺娃、科斯坚纽克、古里叶丽、加里亚莫娃、科辛采娃、科娃列夫斯卡娅、尤迪特·波尔加、科内鲁等世界女中豪杰。

巾帼不让须眉。现在众多的女棋手在拥有国际特级大师称号的同时，也拥有男子国际特级大师的称号。女棋手战胜男子特级大师是时有发生，屡见不鲜。

在向国际象棋奥林匹斯山顶峰攀登的人，是智力、毅力和耐力等诸因素的综合体现。而完成登顶的人正是我们所敬仰的人群——国际特级大师，他们的业绩与功勋永远是人们的榜样。

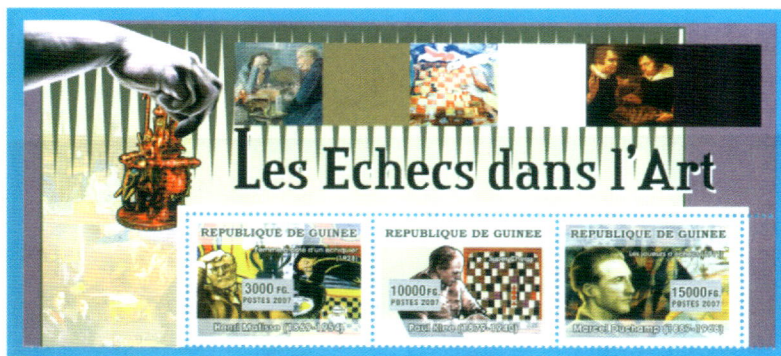

由于国际象棋历史悠久，各个历史发展时期众位明星的涌现，各种棋艺理论日趋完善及各种赛事活动的助推，使国际象棋更加生机盎然。

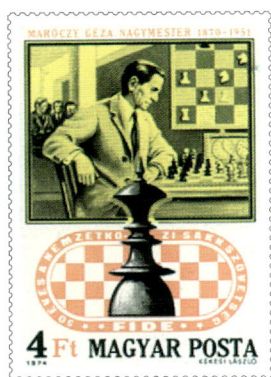

早期活动的实寄纪念明信片、纪念戳

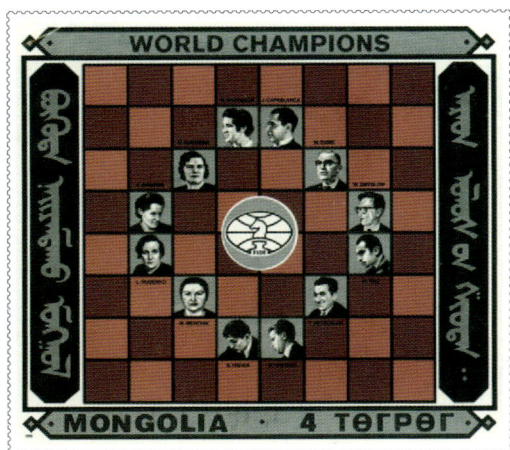

男女世界冠军的光辉业绩永驻人间

附录：个性化邮票

中国国际象棋协会青少年训练中心(秦皇岛)为教练与学员定制的个性化邮票。

秦皇岛市国际象棋队征战全国甲级联赛

中国国际象棋协会青少年训练中心

邮政编码：066000

余瑞源 1991

马 群 1991

杨凯淇 1988

鲁 悦 1988

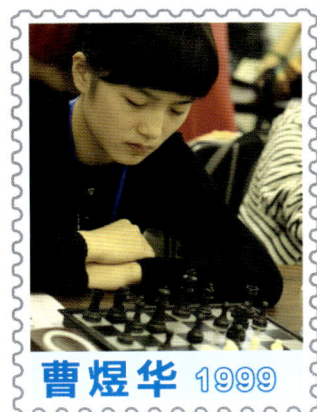

曹煜华 1999

张谦益 2005

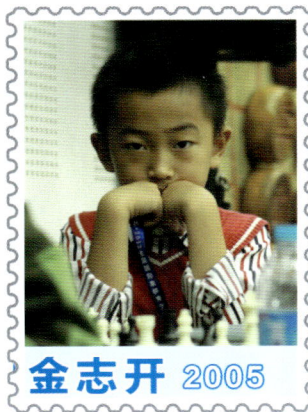

金志开 2005

刘晨杨 2006

 付靖雯 2004

 冷天一 2004

 潘欣蕾 2006

 高瑞泽 2007

 杨皓博 2007

 段敬轩 2006

 杜蕊 2002

 盛钰涵 2003

 柴司卿 2006

 常怀月 2007

 张大家 2006

 刘宇轩 2006

 张竣博 2007

 赵炳城 2008

2011
中国·东盟建立对话关系20周年纪念活动
The 20th Anniversary Commemorative Activity of China-ASEAN Dialogue Relations
中国·东盟国际象棋少年精英赛
China-ASEAN Junior Chess Classic
个性化邮票
国家邮政局

中国·东盟建立对话关系20周年纪念活动
2011
The 20th Anniversary Commemorative Activity of China-ASEAN Dialogue Relations
中国·东盟国际象棋少年精英赛
China-ASEAN Junior Chess Classic
纪念
Anniversary
邮政编码：

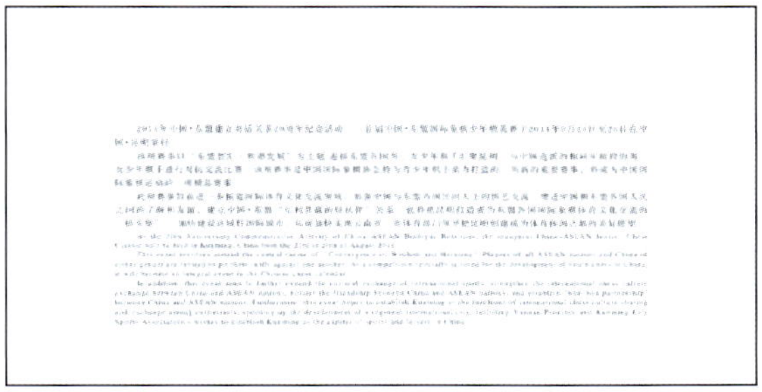

东盟智汇
和谐发展
Convergence of Wisdom and Harmony

2011
中国·东盟建立对话关系20周年纪念活动
The 20th Anniversary Commemorative Activity of China-ASEAN Dialogue Relations
中国·东盟国际象棋少年精英赛
China-ASEAN Junior Chess Classic

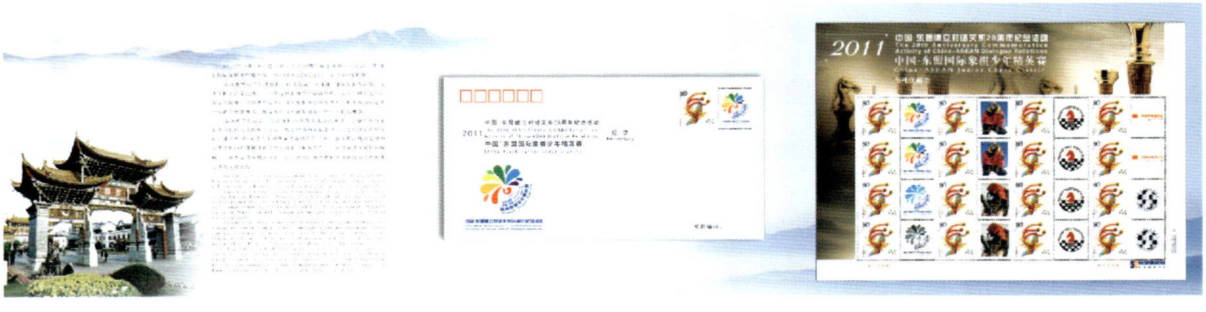

后 记

　　我们怀着兴奋与忐忑的心情迎来了即将问世的《邮票上的国际象棋》专题图册。 所谓兴奋，是因为我们这些无名庶民能借助各国发行的不足70年的国际象棋邮票，去叙述1500多年历史的国际象棋运动，做成另类读物，向各位朋友推介国际象棋知识和文化所做的一点工作而感到自豪；同时也是对我们个人兴趣和爱好做一个小结，故有了兴奋的源点。但是兴奋之余，静下心来，还真感到有点后怕。一是因为作者孤陋寡闻，唯恐叙述欠妥；二是因为我们本是集邮与国象界中的无名小卒，却要在界内班门弄斧，有欠谦之嫌；三是忧虑后期发现失误与疵点太多，对不起读者朋友，以致拯救与修补无方⋯⋯

　　因此，不敢大喜，却是疑虑连连。

　　但是，我们毕竟做了一件我们想要做的事，并即将完成。对于读者朋友给予的批评与指正，我们定会诚恳接受并即改之。

　　对于即将问世的专题图册，我们要感谢大连同行们的亲切关心与鼓励，也要感谢山西出版传媒集团、山西经济出版社社长赵建廷先生及责任编辑曹恒轩同志，还要感谢天津梁玉霞女士等编审、装帧、设计、校对、印刷等老师们的辛勤工作；更要特别感谢的是天津市华源实业公司董事长海德新先生，他给予我们精神与物力上的大力支持与帮助，我们企盼图集出版的愿望才得以实现⋯⋯

　　更要提到的是，图集中的邮票来源于邮友们源源不断地供给与割爱。我们在编写过程中曾参考了百余种国际象棋与集邮的书籍。其中国际象棋的入门、技战术、文史资料及各种传记的书刊，都给图集注入了充分的营养元素。本书部分章节中我们参考了罗义平编著的《简明国际象棋入门讲座》（蜀蓉棋艺出版社1999年版）及林峰、殷昊编著的《国际象棋词典》（上海文化出版社2010年版）。在此，谨向各位老师表示衷心的谢意。

　　对于图集的出版，我们要说声谢谢、谢谢。谢谢上述的各位朋友，亦谢谢正在翻阅这本图集的新朋友们。

徐兆新　李慧慧
2012年12月8日 于大连